한국어 어문 규범

김진호 지음

(주)박이정

한국어 어문 규범

초판 1쇄 인쇄　2022년 12월 14일
초판 1쇄 발행　2022년 12월 21일

지 은 이　김진호
펴 낸 이　박찬익

펴 낸 곳　(주)박이정
주　　소　경기도 하남시 조정대로45 미사센텀비즈 8층 F827호
전　　화　(02)922-1192~3 / (031)792-1193, 1195
팩　　스　(02)928-4683
홈페이지　www.pjbook.com
이 메 일　pijbook@naver.com
등　　록　2014년 8월 22일 제2020-000029호

I S B N　979-11-5848-847-5 93710
책　　값　16,000원

이 저서는 2022년도 가천대학교 교내연구비 지원에 의한 결과임.(GCU-202205570001)

한국어 어문 규범
- 이론과 실제 -

김진호 지음

머리말

언어는 의사소통의 수단이다. 음성언어든 문자언어든 형식과 내용이 해당 언어의 규칙을 따랐을 때, 경제적인 의사소통이 가능하다. 한국인은 한국어의 규칙에 의거하여 언어생활(말하기, 듣기, 읽기, 쓰기)을 하며 다양한 사회관계를 맺고 있다.

한국인이 언어생활 속에서 지키고 따르는 중요한 기준은 바로 '한국어 어문 규범'이다. '한국어 어문 규범'은 '한글 맞춤법, 표준어 규정, 외래어 표기법, 국어의 로마자 표기법'을 포함한다.

1933년 '한글 마춤법 통일안'과 1936년 '사정한 조선어 표준말 모음'을 공표하였고, 1988년에는 그 사이 달라진 어문 현실을 반영하여 한글 맞춤법(표준어 포함)을 일부 개정하였다. 이와 더불어 1984년 '국어의 로마자 표기법'이 마련되었으나 사용에 불편한 점이 많아 2000년 개정하기에 이르렀다. 1986년 '외래어 표기법'은 7개 외국어(영어, 독일어, 프랑스어, 에스파냐어, 이탈리아어, 일본어, 중국어)의 표기 세칙을 시작으로, '92, '95, '04, '05년에 기타 외국어에 대한 표기 세칙이 마련되었다.

'한국어 어문 규범'의 이해는 한국어 모어 화자의 원활한 의사소통과 합리적인 국어 생활을 위한 바탕이며, 한국 어문과 문화를 이해하고자 하는 외국인 학습자에게 큰 도움이 될 것이다.

마지막으로 어려운 환경에서도 한국 출판문화 발전에 앞장서시는 박찬익, 박이정 사장님의 출간 제의에 감사드린다. 그리고 원고를 꼼꼼히 읽어 가며 교정을 도와준 가천대학교 한국어문학과의 김은서, 김주영, 남유선, 이유빈 님과 멋진 책으로 만들어주신 심지혜 님에게도 감사한 마음을 표한다.

2022년 12월

김진호

차 례

차 례

제1부

한글 맞춤법

제1장 한국어 어문 규범

1. 정의

'한국어 어문 규범'은 한국의 '어(語:말)'와 '문(文:글)'에 관한 규정이다. 즉, 우리말과 우리 글을 바르게 쓰려는 사람이 언어생활에서 따르고 지켜야 할 공식적인 기준이다. 따라서 원활한 의사소통과 합리적인 국어 생활을 위해 한국어의 어문 규범(규정)이 필요하다.

2. 체계

'한국어 어문 규범'은 '한글 맞춤법, 표준어 규정, 외래어 표기법, 국어의 로마자 표기법'을 포함한다.[1]

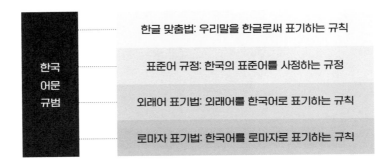

한국 어문 규범	한글 맞춤법: 우리말을 한글로써 표기하는 규칙
	표준어 규정: 한국의 표준어를 사정하는 규정
	외래어 표기법: 외래어를 한국어로 표기하는 규칙
	로마자 표기법: 한국어를 로마자로 표기하는 규칙

제2장 한글 맞춤법 개요

1. 변천 과정

'한글 맞춤법'은 '한글로 우리말을 표기하는 규칙의 전반'을 이르는 말이다. 현재의 맞춤법은 1933년 『한글 마춤법 통일안』을 기본으로 하고 있다. 1933년 조선어학회에서 제정한 『한글 맞춤법』의 변천 과정을 살펴보기로 한다.[2]

---

1) '한국어 어문 규범'은 1933년 '한글 맞춤법 통일안'과 1936년 '사정한 조선어 표준말 모음'에 이어 1984년 '국어의 로마자 표기법'과 1986년 '외래어 표기법'이 제정되었다. 이후 '한글 맞춤법'은 50여 년 동안 달라진 언어 현실을 반영하여 1988년 일부 개정되었고, '국어의 로마자 표기법' 또한 표기에 불편함과 어려움이 있어 2000년 개정되었다.

2) '한글 맞춤법'의 변천 과정은 김진호(2012)의 내용을 간추린 것이다.

15세기에 훈민정음이 반포되었지만 오랜 기간 한자가 국자(國字)의 위치에 있었다. 그 후, 1894년 갑오경장을 계기로 공문서에 국문 또는 국한문의 표기를 채택하면서 우리 문자에 대한 새로운 인식이 싹트기 시작하였다.

1910년 한일 강제 병합을 맞이하면서 일본어가 공용어가 되었다. 그러나 1912년 4월 「普通學校用 諺文綴字法」에서 '京城語를 標準으로 함'이라 하여 명문(明文)으로서 우리의 표준말을 정식으로 규정하였고, 1920년 「諺文綴字法」을 개정한 「改正諺文綴字法」이 나왔다. 한편, 이 시기는 조선어학회의 출현으로 국어사전 편찬을 위한 정서법, 표준어 등의 문제를 집중 연구하였다. 왜냐하면 사전의 어휘 표제어에는 표준어를 써야 하기 때문이었다.

1930년대의 대표적 업적은 1933년 『한글 마춤법 통일안』과 1936년 『사정한 조선어 표준말 모음』이다. 전자는 조선어학회 위원(권덕규·김윤경·박현식·심명균·이극로·이병기·이희승·이윤재·장지영·정열모·정인섭·최현배)의 심의로 『한글 마춤법 통일안』 원안이 1932년 12월에 마련되어 1~2차 독회를 거쳐 1933년 10월 29일 고시되었다. 후자는 표준말이 우리의 손에 의해 정식으로 사정되었다는 역사적 의의를 지니고 있다.

1940년대의 대표적인 업적은 바로 한글학회의 『큰 사전』 편찬 사업이다. 이 사업은 1930년에 착수하여 1942년 조선어학회의 『朝鮮語大辭典』으로 완성될 예정이었다. 그러나 일제의 조선어학회 사건으로 1947년에 1권의 『조선말 큰 사전』이 나왔다. 이후, 1950년에는 한글학회의 『큰 사전』으로 명칭을 변경하여, 1957년 10월 한글날 전 6권으로 완결되었다. 이 기간의 '마춤법'은 1946년, 1948년과 1958년에 부분적 수정이 가해진다. 1946년의 개정안에는 6개 항의 수정이 이루어졌다. 반면 1948년과 1958년의 수정안은 개정이라 말하기가 어렵다. 1948년은 1946년의 것을 한글로 바꾸었을 뿐이며, 1958년의 것은 문법 용어만을 문교부의 용어로 바꾼 것이기 때문이다.

『한글 맞춤법』이 여러 차례 수정되었지만 이 규정이 잘 지켜지지는 않았다. 1933년 통일안을 기본 골격으로 한 규정으로, 그 사이에 변화한 어문 규정이 제대로 반영되지 않았기 때문이다. 이에 문교부는 1970년 한글 맞춤법 위원회를 구성하여 1979년 '맞춤법안'을 발표한다. 그리고 여러 문제점이 발생하자 학술원 주관 하에 재검토를 거쳐 1984년 '한글 맞춤법 개정안'을 제출하게 된다. 그러나 이는 국가뿐만 아니라 국민의 문자생활에 상당한 영향을 끼치는 중차대한 문제였기에 1985년 국어연구소가 '한글 맞춤법 개정안'을 최종 검토하게 되었다. 국어연구소는 각계각층의 여론을 수렴하여 1987년 4월 '한글 맞춤법 개정안'을 마련하여 같은 해 9월 문교부에 제출하였다. 문교부는 1988년 1월 19일『한글 맞춤법』을 '문교부 고시 제 88-1호'로 고시하게 되었다.

1988년『한글 맞춤법』은 1933년『한글 마춤법 통일안』이 제정되고 난 후, 시간의 흐름에 따른 언어 변화를 반영하기 위한 개정으로, 통일안의 기본 골격을 대부분 그대로 유지하고 있다. 이는『한글 마춤법 통일안』과『한글 맞춤법』의 기본 원칙에 큰 차이가 나타나지 않기 때문이다.

	『한글 마춤법 통일안』(1933)	『한글 맞춤법』(1988)
1	한글 마춤법(철자법)은 표준말을 그 소리대로 적되, 어법에 맞도록 함으로써 원칙을 삼는다.	한글 맞춤법은 표준어를 소리대로 적되, 어법에 맞도록 함을 원칙으로 한다.
2	표준말은 대체로 현재 중류 사회에서 쓰는 서울말로 한다.	표준어 규정이 제정되면서 삭제(표준어 사정 원칙의 제1장 총칙[3]에서 다룸)
3	문장의 각 단어는 띄어 쓰되, 토는 그 웃말에 붙여 쓴다.	문장의 각 단어는 띄어 씀을 원칙으로 한다.
4	-	외래어는 '외래어 표기법'에 따라 적는다.

2. 세부 내용

『한글 맞춤법』은 본문 6장과 '부록'으로 되어 있다. 본문 6장은 '총칙', '자모', '소리에 관한 것', '형태에 관한 것', '띄어쓰기', '그 밖의 것'으로, '부록'은 '문장 부호'로 구성되어 있다.

제1장은 '총칙'으로『한글 맞춤법』의 대원칙(1항)과 띄어쓰기(2항) 그리고 외래어 표기법(3항) 관련 항목을 규정하고 있다. 제2장은 한글 자음과 모음의 수와 순서, 이름을 규정하고 있으며, 제3장은 음운 변화와 관련한 표기 규정을 다루고 있다. 제4장은 형태소의 결합과 관련한 표기를, 제5장은 띄어쓰기, 제6장은 발음이 유사한 형태들의 표기를 다루며, '부록'에서는 문장 부호를 다루고 있다.

---

3) "표준어는 교양 있는 사람들이 두루 쓰는 현대 서울말로 정함을 원칙으로 한다."(표준어 규정 제1부 제1장 총칙의 제1항 규정).

제1부 한글 맞춤법

장(내용)		절		항
제1장	총칙			제1항~제3항
제2장	자모			제4항
제3장	소리	제1절 된소리 제2절 구개음화 제3절 'ㄷ'소리 받침 제4절 모음 제5절 두음 법칙 제6절 겹쳐 나는 소리		제5항 제6항 제7항 제8항~제9항 제10항~제12항 제13항
제4장	형태	제1절 체언과 조사 제2절 어간과 어미 제3절 접미사가 붙어서 된 말 제4절 합성어 및 접두사가 붙는 말 제5절 준말		제14항 제15항~제18항 제19항~제26항 제27항~제31항 제32항~제40항
제5장	띄어쓰기	제1절 조사 제2절 의존 명사, 단위를 나타내는 명사 및 열거하는 말 등 제3절 보조 용언 제4절 고유 명사 및 전문 용어		제41항 제42항~제46항 제47항 제48항~제50항
제6장	그 밖의 것			제51항~제57항
부록	문장 부호	마침표, 쉼표, 따옴표, 묶음표, 이음표, 드러냄표, 안드러냄표		

제3장 한글 맞춤법 '총칙/자모'

1. 표기의 원칙

'한글 맞춤법'은 '표음주의'와 '형태주의'를 기반으로 한다. '표음주의'는 단어를 소리 나는 대로 적어야 한다는 주장으로, 같은 단어라도 다르게 발음되면 소리 나는 대로 적어야 한다. 반면, '형태주의'는 단어가 서로 다르게 발음되더라도 그것이 같은 단어일 경우에는 언제나 동일하게 표기하여야 한다는 것이다.[4]

> **제1항** 한글 맞춤법은 ①표준어를 ②소리대로 적되, ③어법에 맞도록 함을 원칙으로 한다.

---

[4] '표음주의'에 따른 표기법을 '음소적 표기법'이라 하고, '형태주의'에 따른 표기법을 '형태 음소적 표기법'이라 한다.

'한글 맞춤법' <총칙> 제1항은 한글 맞춤법 전체를 포괄하는 규칙이나 법칙에 해당하는 것으로, 다음의 세 가지 요소를 포함하고 있다.

첫째, 표준어가 맞춤법 규정의 대상이라는 점이다. 표준어 규정은 본서 제2부를 참고하기 바란다.

둘째, 표준어를 발음 나는 대로 적는다는 점이다. 한글이 표음 문자이며 음소 문자이기에 소리대로 표기하는 것은 당연하다. 즉, 표음주의 표기를 따른다.

셋째, 표준어의 실제 발음의 표기가 어법에 맞아야 한다는 점이다. 이는 '소리대로 적는다.'는 둘째 요소의 한계를 보완한 규정이다.

(1) [꼳]-[꼬치]-[꼰만] / [낟]

(1)은 표준어 '꽃'의 실제 발음이다. 만약 이를 소리 나는 대로 표기한다면 어떤 문제가 생길까? 또한 [낟]은 무슨 뜻의 단어일까? 이처럼 한글을 소리대로 적었을 때, 그 뜻이 쉽게 파악되지 않아 독서의 능률이 떨어지게 된다. 따라서 발음이 다르더라도 같은 형태의 단어는 항상 동일 형태('꽃', '낫/낮/낯')로 표기해야 한다. 즉, 형태주의 표기[5]를 따른다.

2. 띄어쓰기의 원칙

'띄어쓰기'는 어떤 말을 앞말과 띄어 쓰는 일로, 독서의 능률을 높이기 위한 어문 규범이다. 중세나 근대의 문헌을 이해하기 어려운 이유 중 하나도 띄어쓰기가 되어 있지 않기 때문이다. 현대어에서도 띄어쓰기를 하지 않거나 띄어쓰기가 정확하지 않으면 의미 파악이 어렵다.

(2) 아빠가방에들어가신다. / 가천대역사거리

(2)는 띄어쓰기에 따라 그 의미가 달라진다. 전자는 "아빠가 방에 들어가신다."이거나 "아빠 가방에 들어가신다."가 되며, 후자는 '가천대역 사거리' 또는 '가천대 역사 거리'로 해석될 수 있다.

---

5) '어법에 맞도록 한다.'는 것은 각 형태소의 원형을 밝혀 적는다는 것이다.

제2항   문장의 각 ①단어는 띄어 씀을 ②원칙으로 한다.

'한글 맞춤법' <총칙> 제2항은 문자 언어의 효율성과 경제성을 위한 띄어쓰기 규정[6]으로, 다음의 두 가지 요소를 포함하고 있다.

첫째, 띄어쓰기의 단위가 단어라는 점이다. 문장을 구성하는 각각의 단어는 독립적인 말의 단위이므로 이를 앞말과 띄어 쓰는 것이 합리적이다.

둘째, 문장을 구성하는 단어이지만 앞말에 붙여 쓸 수 있다는 점이다. 한국어의 조사는 체언과 쉽게 분리되는 성질로 인해 단어 자격을 갖는다. 그러나 독립된 개념을 갖지 않는 형식 형태소이자 자립할 수 없는 의존 형태소로 그 앞의 단어에 붙여 써야 한다.[7]

3. 외래어 표기의 원칙

<표준국어대사전>의 풀이에 따르면, 외래어는 '외국에서 들어온 말로 국어에서 널리 쓰이는 단어'로 '버스, 컴퓨터, 피아노' 등이 있다. 외래어 표기와 관련한 '한글 맞춤법' <총칙> 제3항은 1933년 '한글 마춤법 통일안'에는 없던 조항이다.

제3항   외래어는 '외래어 표기법'에 따라 적는다.

현행 '외래어 표기법'은 해당 언어권의 현지 발음에 최대한 가깝게 표기하고자 하는 노력에서 1986년 제정되었다. 따라서 외래어를 표기할 경우에는 반드시 '외래어 표기법'에 따를 것을 규정하고 있다.

(3) 다음 주까지 ○○ 리포트/레포트 제출하세요.

외래어 'report'의 올바른 표기는 무엇일까? 이 단어의 발음이 [rɪˈpɔt]인 점을 감안할 때 정확한 외래어 표기는 '리포트'이다.

---

6)   '띄어쓰기' 관련 규정은 한글 맞춤법 제1장 <총칙> 2항과 제5장의 10개 항으로 구성되어 있다.

7)   한글 맞춤법 '제5장 띄어쓰기'의 '제1절 조사'(제41항) 부분을 참고하라.

4. 한글 자모의 이해

'한글 맞춤법'의 제2장은 자모 관련 규정이다. '자모'(字母)는 한 음절을 자음과 모음으로 분석하여 적을 수 있는 낱낱의 글자를 가리킨다. 따라서 한글 자모는 우리말과 글을 표기할 수 있는 기본적인 글자이다.

> **제4항** 한글 자모의 수는 스물넉 자로 하고, 그 순서와 이름은 다음과 같이 정한다.
> ㄱ(기역) ㄴ(니은) ㄷ(디귿) ㄹ(리을) ㅁ(미음) ㅂ(비읍) ㅅ(시옷)
> ㅇ(이응) ㅈ(지읒) ㅊ(치읓) ㅋ(키읔) ㅌ(티읕) ㅍ(피읖) ㅎ(히읗)
> ㅏ(아) ㅑ(야) ㅓ(어) ㅕ(여) ㅗ(오) ㅛ(요) ㅜ(우) ㅠ(유) ㅡ(으) ㅣ(이)

한글의 자모는 24자로 구성되어 있으며, 각 자모의 순서와 이름을 규정하고 있다. 15세기 훈민정음 창제 당시와 어떤 점이 달라졌는지 그리고 지금과 같은 자모의 명명은 언제 마련된 것인지 살펴보기로 하자.

4.1. 한글 자모의 수와 순서

15세기 훈민정음 창제 당시 한글 자모의 수와 그 순서는 다음과 같다.

‣ 자음: 'ㄱ, ㅋ, ㆁ', 'ㄷ, ㅌ, ㄴ', 'ㅂ, ㅍ, ㅁ', 'ㅈ, ㅊ, ㅅ', 'ㆆ, ㅎ, ㅇ', 'ㄹ', 'ㅿ'
‣ 모음: 'ㆍ, ㅡ, ㅣ, ㅗ, ㅏ, ㅜ, ㅓ, ㅛ, ㅑ, ㅠ, ㅕ'[28자]

그 후, 최세진의 『훈몽자회』(중종 22년, 1572년)의 '언문자모'에서는 그 수와 순서에 변화가 나타난다.[8]

‣ 자음: ㄱ, ㄴ, ㄷ, ㄹ, ㅁ, ㅂ, ㅅ, ㆁ, ㅋ, ㅌ, ㅍ, ㅈ, ㅊ, ㅿ, ㅇ, ㅎ
‣ 모음: ㅏ, ㅑ, ㅓ, ㅕ, ㅗ, ㅛ, ㅜ, ㅠ, ㅡ, ㅣ, ㆍ[27자]

따라서 '훈몽자회'의 자모에서 소실 자모를 제외하면 1933년 '한글 맞춤법 통일안'의 자모의 수 및 순서와 거의 유사하다.

---

8) 이후, 한글 자모에 관하여 참고할 만한 문헌들은 대부분 『훈몽자회』의 내용을 따르고 있다(이희승·안병희, 28~30).

4.2. 한글 자모의 이름

15세기 훈민정음 창제 당시 한글 자모를 어떻게 명명했는지 알 수 없다. 한글 자모의 이름을 처음 확인할 수 있는 문헌은 역시 최세진의 『훈몽자회』이다.

1) **초종성통용팔자(初終聲通用八字)**

ㄱ	其役	ㄴ	尼隱	ㄷ	池末	ㄹ	梨乙	ㅁ	眉音	ㅂ	非邑	ㅅ	時衣	ㆁ	異凝

末衣兩字只取本字之釋俚語爲聲 其尼池梨眉非時異 八音用於初聲

役隱末乙音邑衣凝 八音用於終聲[9]

2) **초성독용팔자(初聲獨用八字)**

ㅋ	箕	ㅌ	治	ㅍ	皮	ㅈ	之	ㅊ	齒	ㅿ	而	ㅇ	伊	ㅎ	屎

箕字亦取本字之釋俚語爲聲[10]

3) **중성독용십일자(中聲獨用十一字)**

ㅏ	阿	ㅑ	也	ㅓ	於	ㅕ	余	ㅗ	吾	ㅛ	要	ㅜ	牛	ㅠ	由
ㅡ	應(不用終聲)			ㅣ	伊(只用中聲)			·	思(不用初聲)						

한글 자모에 붙인 한자는 이름이라기보다는 각 자모의 소리를 나타낸 것이다. 1)은 초성과 종성에서의 음가, 2)는 초성의 음가, 3)은 중성의 음가의 예를 보인 것이다. 그러나 시간이 지나면서 이들 소리가 자연스럽게 각 자모의 이름으로 불린 것으로 보인다.

그런데 '초종성통용팔자' 중, 'ㄱ, ㄷ, ㅅ'의 종성의 음가, 즉 '윽, 읃, 읏'에 해당하는 한자가 없었다. 최세진은 '윽'의 발음에 가장 가까운 한자 '역:役'과 종성 'ㄷ, ㅅ'에 해당하는 한자 '귿:末', '옷:衣'으로 표기한 것이다. 이러한 과정에서 한글 자모의 명칭을 확인할 수 있고, 받침의 자음으로 해당 자음을 써야하는 이유를 알 수 있다.[11]

---

9) '末, 衣' 두 자는 다만 그 글자의 우리말 뜻을 취해 사용하였다. '기, 니, 디, 리, 미, 비, 시, 이' 8음은 초성에 사용되었고, '역, 은, 귿, 을, 음, 읍, 옷, 응' 8음은 종성에 사용되었다.

10) '箕'자 역시 이 글자의 우리말 뜻을 취하여 사용하였다.

11) '기역, 디귿, 시옷'의 명명을 특수한 사정에 의한 예외로 인정하더라도, 'ㅋ, ㅌ, ㅎ' 등을 '키윽, 티읃, 히응'이라 부르면 안 된다.

4.3. 사전에 올리는 한글 자모의 순서

'한글 맞춤법' 제4항의 [붙임1]은 24 자모 외의 26개 자모에 대한 순서와 이름을 정하고 있다. [붙임2]는 총 40개의 자모를 사전에 올릴 때 따라야 할 순서를 정하고 있다. 왜냐하면 자모, 특히 겹 자모의 차례를 사전 편찬자가 임의로 배열하는 데 따른 혼란을 막기 위해서이다.[12]

> ▶ 자음: ㄱ ㄲ ㄴ ㄷ ㄸ ㄹ ㅁ ㅂ ㅃ ㅅ ㅆ ㅇ ㅈ ㅉ ㅊ ㅋ ㅌ ㅍ ㅎ
> ▶ 모음: ㅏ ㅐ ㅑ ㅒ ㅓ ㅔ ㅕ ㅖ ㅗ ㅘ ㅙ ㅚ ㅛ ㅜ ㅝ ㅞ ㅟ ㅠ ㅡ ㅢ ㅣ

자음의 경우, 기본 자음 14자에 된소리 5자가 추가되기는 했지만 해당 자음의 예사소리 뒤에 된소리를 배치하여 크게 어려움이 없다. 다만, 모음의 경우, 기본모음 10자에 11자가 추가되면서 배열의 순서가 꽤나 복잡해졌다. 다음의 방식을 활용하면 이해에 도움이 되리라 생각한다.

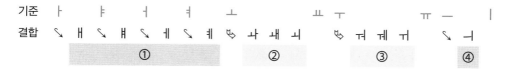

기본 원리는 기준이 되는 모음끼리의 결합 관계를 따지면 된다. ①과 ④는 각각의 기준 모음과 결합 가능한 모음 'ㅣ'를 추가한 형태이다. 반면, ②와 ③은 'ㅗ'와 'ㅜ'의 음성적 특징에 따라 각각 'ㅏ, ㅐ, ㅣ'와 'ㅓ, ㅔ, ㅣ'가 차례대로 추가된 형태이다.[13]

---

12) 문교부 고시, 『국어 어문 규정집』, 대한교과서주식회사, 1988, 40쪽.

13) [붙임2]에서는 받침 글자의 차례를 다루지 않고 있지만, 'ㄱ ㄲ ㄳ ㄴ ㄵ ㄶ ㄷ ㄹ ㄺ ㄻ ㄼ ㄽ ㄾ ㄿ ㅀ ㅁ ㅂ ㅄ ㅅ ㅆ ㅇ ㅈ ㅉ ㅊ ㅋ ㅌ ㅍ ㅎ'의 순서대로 적는다.

제1부 한글 맞춤법

제4장 한글 맞춤법 실제

1. 소리 관련 표기 규정

'한글 맞춤법'의 제3장은 '소리에 관한 것'으로, 실제 표준발음이 표기에 어떻게 반영되는지 규정하고 있다. 모두 6개의 하위절로 구분되어 있다. 제1절 '된소리', 제2절 '구개음화', 제3절 'ㄷ소리 받침', 제4절 '모음', 제5절 '두음 법칙', 제6절 '겹쳐 나는 소리'이다.

1.1. 제1절 된소리

제1절은 된소리 발음[14]의 표기 규정이다. 한국어의 '된소리'는 후두 근육을 긴장하면서 기식이 거의 없이 내는 'ㄲ, ㄸ, ㅃ, ㅆ, ㅉ' 따위의 소리이다.

제5항   한 단어 안에서 뚜렷한 까닭 없이 나는 된소리는 다음 음절의 첫소리를 된소리로 적는다.

1. 두 모음 사이에서 나는 된소리

소쩍새	어깨	오빠	으뜸	아끼다	기쁘다	깨끗하다
어떠하다	해쓱하다	가끔	거꾸로	부썩	어찌	이따금

2. 'ㄴ, ㄹ, ㅁ, ㅇ' 받침 뒤에서 나는 된소리

산뜻하다	잔뜩	살짝	훨씬
담뿍	움찔	몽땅	엉뚱하다

제5항의 '뚜렷한 까닭 없이 나는 된소리'란 무슨 의미일까? 이 말은 한국어의 '된소리되기' 현상이 일어나는 까닭이 있다는 뜻이다. 즉, 된소리 발음은 다음의 음운론적 환경에서 반드시 일어난다.

---

14) 된소리 발음 관련 조항은 '표준 발음법' 제6장 '된소리되기'를 참고하라.

'표준 발음법' 제23항에 따르면, 제5항의 1과 2는 된소리 발음이 일어날 수 없는 환경이다. 그럼에도 해당 단어가 된소리로 발음된다면 이들 단어 자체가 원래부터 된소리였음을 말하는 것이다. 따라서 된소리가 원형인 단어를 된소리로 적는 것은 너무나 당연한 일이다.

한편, '표준 발음법' 제23항에 따라 된소리로 발음 나더라도 실제 표기에는 반영하지 않는다. 왜냐하면 된소리 발음은 특정 음운 환경에서 필수적으로 일어나는 음운 현상이기에 굳이 표기할 필요가 없기 때문이다. 제5항의 '다만'은 다음과 같다.

받침 'ㄱ, ㅂ' 뒤에서 된소리로 발음 나는 데도 된소리로 표기하지 않는다. 왜냐하면 '표준 발음법' 제23항에 따라 항상 된소리로 발음되기에 원형을 밝혀 적도록 한 것이다. 따라서 '깍두기[깍뚜기]'와 '넙죽[넙쭉]'은 그 표기에 유의해야 하는 단어이다.

'다만'의 밑줄 친 부분은 '같은 음절이나 비슷한 음절이 겹쳐 나는 경우 예외적으로 된소리를 표기에 반영한다.'고 해석할 수 있다.

(1) ㄱ. 싹둑(싹둑) - ※싹뚝(싹뚝)
　　ㄴ. 똑딱똑딱, 쓱싹쓱싹, 쌉쌀하다, 씁쓸하다, 짭짤하다

(1)의 ㄱ, ㄴ은 모두 'ㄱ, ㅂ'이 받침으로 사용되었다. 그러나 (1.ㄴ)과 달리 (1.ㄱ)은 같은 음절이나 비슷한 음절이 겹쳐 나는 경우가 아니기에 '싹둑(싹둑)'으로 적어야 한다.

1.2. 제2절 구개음화

제2절은 구개음화 발음의 표기 규정이다. 사실 '구개음화'란 '경구개음[15]화'를 뜻하는 것으로, 원래 (경)구개음이 아닌 음이 (경)구개음으로 변화는 현상을 의미한다.

제6항	'ㄷ, ㅌ' 받침 뒤에 종속적 관계를 가진 '-이(-)'나 '-히-'가 올 적에는 그 'ㄷ, ㅌ'이 'ㅈ, ㅊ'으로 소리 나더라도 'ㄷ, ㅌ'으로 적는다.(ㄱ을 취하고, ㄴ을 버림.)

ㄱ	ㄴ	ㄱ	ㄴ
맏이	마지	핥이다	할치다
———	해돋이	걷히다	거치다
———	구지	———	다치다
———	가치	———	무치다
	끄치		

제6항은 특정한 음운 환경('ㄷ, ㅌ' 받침 + '-이-/-히-')에서 구개음으로 소리가 날 때, 소리대로 적지 않는다는 것이다. 여기서 밑줄 친 종속적 관계의 '-이-/-히-'란 무엇을 가리키며, 어떤 의미를 담고 있는가?

언어의 '종속적 관계'란 실질 형태소(체언, 어근, 어간)와 독립성이 없는 형식(문법) 형태소(조사, 접사, 어미)가 결합할 때 나타난다. 이때, 형식 형태소는 실질 형태소에 종속되는 관계에 있는 것이다. 따라서 구개음화는 아래와 같이 두 형태소[16]의 결합 과정에서 나타나는 음운 현상임을 의미한다.

‣ 체언+조사 '-이': 끝-이
‣ 어근+접사 '-이-': 맏-이, 해-돋-이, 굳-이, 같-이, 핥-이-다
‣ 어근+접사 '-히-': 걷-히-다, 닫-히-다, 묻-히-다

결국, 제6항은 받침 'ㄷ, ㅌ'이 구개음인 'ㅈ, ㅊ'으로 발음 나더라도 소리 나는 대로 적지 않고, 그 원래 형태를 밝혀 적도록 한 규정이다.

---

15) 혓바닥과 경구개(센입천장) 사이에서 나는 소리로, 'ㅈ, ㅊ, ㅉ'이 있다.

16) '잔디', '디디다', '느티나무'처럼 하나의 형태소로 된 단어 또는 '밭+이랑'처럼 합성어에서는 구개음화 현상이 일어나지 않는다.

1.3. 제3절 'ㄷ' 소리 받침

제3절은 음절 끝소리 규칙과 관련된 표기 규정이다. 한국어의 음절 끝소리에서는 받침의 'ㅅ, ㅆ, ㅈ, ㅊ, ㅌ, ㅎ'이 [ㄷ]으로 발음[17]되는 것이다.

제7항   'ㄷ' 소리로 나는 받침 중에서 <u>'ㄷ'으로 적을 근거가 없는 것</u>은 'ㅅ'으로 적는다.

덧저고리	돗자리	엇셈	웃어른	핫옷	무릇	사뭇
얼핏	자칫하면	뭇[衆]	옛	첫	헛	

먼저, 제7항의 밑줄 친 'ㄷ'으로 적을 근거가 없다는 표현에 집중해 보자. 그러면 이 말은 [ㄷ] 소리로 나는 받침 중, 'ㄷ'으로 적을 근거가 있을 때에만 'ㄷ'으로 적는다는 의미로 해석할 수 있다. 한국어에서 받침에 'ㄷ'을 적을 수 있는 경우는 세 가지 경우이다.

- ‣ **원형이 'ㄷ' 받침인 형태**: 걷-잡다, 곧-장, 낟-가리

- ‣ **본말이 줄어 'ㄷ' 받침을 갖게 된 형태**: 도두 보다 → 돋-보다, 디디다 → 딛다,
  어디-에다가 → 얻다가

- ‣ **받침 'ㄹ'이 'ㄷ'으로 바뀐 형태[18]**: 바느질-고리 → 반짇-고리, 사흘-날 → 사흗-날,
  술-가락 → 숟가락, 설-달 → 섣달

따라서 위 세 가지 경우를 제외한 예시어들의 [ㄷ] 소리 받침은 'ㄷ'으로 적을 근거가 없기에 'ㅅ'으로 적어야 한다.[19]

---

17) 원래 서로 다른 요소(음가)가 특정한 조건(음절 말)에서 변별 기능을 잃고 구별되지 않는 현상을 '중화'(中和)라 한다.

18) '한글 맞춤법' 제29항 "끝소리가 'ㄹ'인 말과 딴 말이 어울릴 적에 'ㄹ' 소리가 'ㄷ' 소리로 나는 것은 'ㄷ'으로 적는다."와 관련이 있다.

19) 원형이 'ㄷ' 받침인 형태를 제외하고 [ㄷ]으로 소리 나더라도 다른 자음(ㅅ, ㅈ, ㅊ, ㅌ, ㅎ)으로 적을 근거가 분명하면 그에 따라 적으면 된다.

1.4. 제4절 모음

제4절은 현실 발음의 표기를 인정하지 않는다는 점에서 제1절~제3절과 같지만 모음 관련의 규정이라는 점이 다르다. 제4절은 이중 모음 표기와 관련하여 2개의 하위 항으로 구성되어 있다.

첫째, 제8항은 이중 모음 'ㅖ'와 관련한 규정이다. 이중 모음 'ㅖ'는 [ㅔ]로 소리 나더라도 그 원형을 밝혀 'ㅖ'로 적어야 한다.

❶ 계수(桂樹), 혜택(惠澤), 폐품(廢品), 사례(謝禮), 핑계

표준 발음법에 따르면, 한국어의 이중 모음은 이중 모음으로 발음해야 한다. 그러나 ❶ '계, 혜, 폐' 등의 이중 모음을 '게, 헤, 페' 등의 단모음으로 발음하는 것이 현실이다. 이러한 점을 고려하여 이중 모음 'ㅖ'의 표준 발음으로 [ㅖ]와 [ㅔ]를 모두 인정한다.[20] 그러나 [ㅔ] 발음을 인정한다 하더라도 표기는 원래 형태를 밝혀 적어야 한다.

한편, 이중 모음 'ㅖ'와 관련 없는 '게(揭), 게(憩), 게(偈)'는 한자음과 현실 발음이 모두 'ㅔ' 이기에 'ㅖ'로 표기할 이유가 없다. 반면, '으레'와 '케케묵다'는 원형인 '으레', '케케묵다'의 모음이 단순화한 형태를 표준어로 삼고 있다.[21]

❷ 게시판(揭示板), 게양(揭揚), 휴게실(休憩室), 게송(偈頌)

둘째, 제9항은 이중 모음 'ㅢ'[22]와 관련한 규정이다. 이중 모음 'ㅢ' 역시 [ㅣ], [ㅔ]로 소리 나더라도 그 원형을 밝혀 'ㅢ'로 적어야 한다.

단어의 첫 음절의 '의'는 [의], 단어의 첫 음절 이외의 '의'는 [의/이], 조사 '의'는 [의/에]로 발음하고, 자음을 첫소리로 가지는 음절의 '의'는 [ㅣ]로 발음한다.[23]

---

20) 다만, '예, 례'는 [ㅖ]로만 발음한다.

21) 이들 단어 이외에도 '미루나무, 괴팍하다' 등을 제시하고 있다. 자세한 설명은 표준어 규정 제10항을 참고하라.

22) 한국어의 이중 모음은 반모음과 단모음으로 구성되는데, '반모음+단모음'의 이중 모음을 상승이중 모음, '단모음+반모음'의 이중 모음을 하향이중 모음이라 한다. 이 중, 'ㅢ'는 유일한 하향이중 모음에 속하는 특징이 있다.

23) 'ㅢ'의 발음은 '표준어 규정'의 제2부 '표준 발음법' 제5항을 참고하라.

❸ 의사[의사] / 주의[주의/이] / 우리의[우리의/에] / 희망[히망]

❸에서 보듯, '의'의 실제 발음은 [의], [이], [에] 세 가지로 나타나지만 표기에서는 원형을 밝혀 'ㅢ'로 적고 있다.

1.5. 제5절 두음 법칙

제5절은 두음 법칙에 따른 한자음의 표기와 관련 규정이다. 한국어의 두음 법칙은 일부 소리가 단어의 첫머리에 오는 것을 꺼리는 현상이다. 제5절은 3개의 하위 항목으로 구성되는데, 제10항은 한자음 'ㄴ'과 관련한 표기이며, 제11항~제12항은 한자음 'ㄹ'과 관련한 표기이다.

제10항 한자음 '녀, 뇨, 뉴, 니'가 단어 첫머리에 올 적에는, 두음 법칙에 따라 '여, 요, 유, 이'로 적는다.(ㄱ을 취하고, ㄴ을 버림.)

ㄱ	ㄴ	ㄱ	ㄴ
여자(女子)	녀자	유대(紐帶)	뉴대
연세(年歲)	년세	이토(泥土)	니토
요소(尿素)	뇨소	익명(匿名)	닉명

다만, 다음과 같은 의존 명사에서는 '냐, 녀' 음을 인정한다.
　　냥(兩)　　　냥쭝(兩-)　　　년(年) (몇 년)

제11항 한자음 '랴, 려, 례, 료, 류, 리'가 단어의 첫머리에 올 적에는, 두음 법칙에 따라 '야, 여, 예, 요, 유, 이'로 적는다.(ㄱ을 취하고, ㄴ을 버림.)

ㄱ	ㄴ	ㄱ	ㄴ
양심(良心)	량심	용궁(龍宮)	룡궁
역사(歷史)	력사	유행(流行)	류행
예의(禮儀)	례의	이발(理髮)	리발

다만, 다음과 같은 의존 명사는 본음대로 적는다.
　　리(里): 몇 리냐?　　　리(理): 그럴 리가 없다.

제10항~제11항에 따라, 한자어 '女(녀)'와 '良(량)'이 단어의 첫머리에 올 수 없기에 '여자'와 '양심'으로 표기해야 한다. 그러나 한자어 '女(녀)'와 '良(량)'이 단어의 첫머리에 오지 않으면 두음 법칙이 적용되지 않아 원음인 '남녀'와 '개량'으로 표기한다.

그러나 '냥(兩)'이나 '년(年)[24]' 그리고 '리(里/理)'와 같은 의존 명사를 예외적 표기로 인정하고 있음에 주의해야 한다. 의존 명사는 비록 자립성은 없지만 일반 명사와 동일한 기능을 하는 단어로서 이미 오래전부터 굳어진 형태를 밝혀 적는다는 성격이 강해 보인다.

제12항 한자음 '라, 래, 로, 뢰, 루, 르'가 단어의 첫머리에 올 적에는, 두음 법칙에 따라 '나, 내, 노, 뇌, 누, 느'로 적는다.(ㄱ을 취하고, ㄴ을 버림.)

ㄱ	ㄴ	ㄱ	ㄴ
낙원(樂園)	락원	뇌성(雷聲)	뢰성
내일(來日)	래일	누각(樓閣)	루각
노인(老人)	로인	능묘(陵墓)	릉묘

제12항은 한자음 'ㄹ' 관련 표기라는 점에서 제11항과 같지만 'ㅣ'모음이거나 이중 모음이 아닌 환경에서 'ㄴ'으로 바뀐다는 점에서 제11항과 다르다. 제12항 역시 표기의 중요한 기준은 단어의 첫머리 위치이다. 즉, 한자어 '락(樂)'이 놓이는 위치에 따라 '낙원'과 '오락'으로 표기한다.

그렇다면 '라면'과 '로마', '르네상스'도 '나면', '노마', '느레상스'로 표기해야 할까? 이들은 한자어가 아닌 외래어이기 때문에 두음 법칙을 적용받지 않는다. '라디에이터', '라디오', '러시아', '로션', '루비', '리본' 등이 이에 해당한다.

한편, 제10항~제12항의 [붙임]에는 접두사처럼 쓰이는 한자가 붙어서 된 말이나 합성어(또는 이에 준하는 구조)의 경우에도 뒤의 단어는 두음 법칙에 따라 표기할 것을 규정하고 있다.

❶ 新+女性: 신여성, 年+利率: 연이율, 重+勞動: 중노동
❷ 男尊+女卑: 남존여비, 海外+旅行: 해외여행, 砂上+樓閣: 사상누각

❶과 ❷는 각각 '여성, 이율, 노동, 여비, 여행, 누각'이라는 독립적 단어에 두음 법칙이 적용된 이후, '신, 연, 중, 남존, 해외, 사상'과 결합한 결과이기 때문이다. 그러나 예외 없는 규칙이 없듯, 사람들의 발음이 본음의 형태로 굳어진 것은 예외로 인정하고 있다.

---

[24] 의존 명사 '년'은 '해를 세는 단위'(2021년)로 형태가 고정된다. 그러나 '한 해'의 의미를 지니는 명사 '年'은 두음 법칙에 따라 '연 강수량', '연도, 연초, 연말' / '신년', '구년' 등으로 표기한다.

❸ 미(소)-립자(粒子), 수-류탄(榴彈), 파-렴치(廉恥)[25]

❸의 뒷말은 ❶과 같이 두음 법칙이 적용된 독립 형태, '입자, 유탄, 염치'이다. 이에 접두 사처럼 쓰이는 한자어 '미(微)/소(素)', '수(手)', '파(破)'가 결합한 구조이다. 그런데 ❶의 표기를 따르지 않고 있다.

1.5.1. 한자어 '렬', '률'의 표기

제11항의 규정에 따라, 단어의 첫머리에서 '렬(列, 烈, 裂, 劣)'과 '률(律, 率, 栗, 慄)'은 '열'(열사)과 '율'(율격)로 표기하고 단어의 첫머리가 아닌 위치에서는 본음인 '렬'(강렬)과 '률'(법률)로 표기하면 된다. 그런데 '렬, 률'은 단어의 첫머리에 오지 않아도 '열'과 '율'로 적어 야 하는 예외 현상에 주의해야 한다.

> **예제1** ① 대학 {합격률/합격율}을 높이기 위한 방법을 찾아보자.
> ② {백분률/백분율}은 전체 수량 100에 대한 비율을 의미한다.

'예제1'의 바른 표기는 '합격률'과 '백분율'이다. ②처럼 모음이나 'ㄴ' 받침 뒤에 이어지는 '렬'과 '률'은 단어의 첫머리가 아니더라도 '열'과 '율'로 적어야 하기 때문이다.

모음, 'ㄴ' 받침 뒤	렬	나열, 서열, 치열, 의열, 우열
		분열, 전열, 선열, 균열, 분열
	률	규율, 자율, 비율, 이율, 조율
		운율, 선율, 전율, 백분율, 할인율

1.5.2. 한자어 '량', '란'의 표기

한자어 '량(量)'은 제11항, 한자어 '란(欄)'은 제12항의 규정에 따라, 단어의 첫머리에서 '양'과 '난'으로 표기하고, 단어의 첫머리가 아닌 위치에서는 본음인 '량'과 '란'으로 표기하면 된다.

그런데 '량, 란' 역시 단어의 첫머리에 오지 않아도 '양'과 '난'으로 적어야 하는 예외 현상에 주의해야 한다.

---

25) '총-유탄'과 '몰-염치'는 제11항의 [붙임]에 따른 표기이다.

예제2　① {폐활량/폐활양}은 신체의 건강 여부를 검사하는 기준이다.
　　　　② {구름량/구름양}은 구름이 하늘을 덮고 있는 정도를 뜻한다.
　　　　③ 실험 결과 {알칼리량/알칼리양}이 많이 줄어들었다.

예제3　① {경제란/경제난} 기사를 보면서 경제 개념을 알자.
　　　　② 어린이 관련 기사는 {어린이란/어린이난}에 실린다.
　　　　③ 오늘의 스포츠 결과는 {스포츠란/스포츠난}을 참고해라.

'예제2'의 바른 표기는 '폐활량', '구름양', '알칼리양'이고, '예제3'은 '경제란', '어린이난', '스포츠난'이 바른 표기이다. ②, ③처럼 고유어(구름, 어린이)나 외래어(알칼리, 스포츠) 뒤에 이어지는 '량'과 '란'은 단어의 첫머리가 아니더라도 '양'과 '난'으로 적어야 하기 때문이다.

고유어, 외래어 뒤	량	허파숨양, 먹이양, 에너지(energy)양
	란	어머니난, 가십(gossip)난

1.6. 제6절 겹쳐 나는 소리

제6절(제13항)은 한 단어 안에서 같은 음절이나 비슷한 음절이 겹쳐 나는 소리들을 같은 글자로 적는 규정이다.

❶ 딱딱, 씩씩, 똑딱똑딱, 쓱싹쓱싹, 쌉쌀하다, 씁쓸하다, 짭짤하다
❷ 연연(戀戀)불망, 유유(類類)상종, 누누(屢屢)이

❶은 같거나 비슷한 음절이 반복되는 부분을 같은 글자로 적은 고유어이다. 반면 ❷는 두음 법칙을 적용받는 한자어로 고유어와 그 성격이 다르다. 즉, 같은 음절이 반복되는 한자어는 '낭랑(朗朗)하다, 냉랭(冷冷)하다, 녹록(碌碌)하다, 늠름(凜凜)하다, 염념(念念)불망' 등으로 두음 법칙의 적용 여부에 따라 표기가 달라지기 때문이다. 이에 의하면 ❷를 '연년불망, 유류상종, 누루이'로 적어야 한다. 그렇지만 ❷의 현실 발음이 [여ː년-], [유ː유-], [누ː누-]로 나는 것을 관용으로 삼아 '연연-, 유유-, 누누-'로 적기로 한 것이다.

2. 형태 관련 표기 규정

'한글 맞춤법'의 제4장은 '형태에 관한 것'으로, 형태소와 형태소가 결합할 때 표기하는 방법을 규정하고 있다. 모두 5개의 하위절로 구분되어 있다. 제1절 '체언과 조사', 제2절 '어간과 어미', 제3절 '접미사가 붙어서 된 말', 제4절 '합성어 및 접두사가 붙는 말', 제5절 '준말'이다.

2.1. 제1절 체언과 조사

제1절은 '체언과 조사'에 대한 표기 규정으로, "체언은 조사와 구별하여 적는다."(제14항)는 아주 단순한 내용을 담고 있다.

제14항	체언은 조사와 구별하여 적는다.				
	-이	**-을**	**-에**	**-도**	**-만**
떡					
낮					
꽃					
밭					
앞					
밖					
넋					
흙					
삶					
여덟					
곬					
값					

제14항의 '구별하여 적는다.'는 의미부터 살펴보자. 체언 '흙'이 조사 '-이, -을, -에, -도, -만'과 만나면 [흘기, 흘글, 흘게, 흑또, 흥만]으로 소리 난다. 만약 이를 소리대로 적는다면, 그 뜻을 파악하기 어려워 독서의 능률이 떨어진다. 그리하여 실질 형태소인 체언과 형식 형태소인 조사가 지닌 뜻을 분명히 드러나도록 하기 위해 '흙이, 흙을, 흙에, 흙도, 흙만'으로 구별하여 적도록 한 것이다. 따라서 제14항의 '구별하여 적는다.'는 것은 '어법에 맞도록(원형을 밝혀 적음) 표기한다.'는 의미이다.

2.2. 제2절 어간과 어미

제2절은 '어간과 어미'에 대한 표기 규정으로, 제15항~제18항으로 구성되어 있다. 이 중, 제15항~제17항의 주요 내용만 제시하면 다음과 같다.

> **제15항** 용언의 어간과 어미는 구별하여 적는다.
> **[붙임1]** 두 개의 용언이 어울려 한 개의 용언이 될 적에, 앞말의 본뜻이 유지되고 있는 것은 그 원형을 밝히어 적고, 그 본뜻에서 멀어진 것은 밝히어 적지 아니한다.
> **[붙임2]** 종결형에서 사용되는 어미 '-오'는 '요'로 소리 나는 경우가 있더라도 그 원형을 밝혀 '오'로 적는다.
> **[붙임3]** 연결형에서 사용되는 '이요'는 '이요'로 적는다.

> **제16항** 어간의 끝음절 모음이 'ㅏ, ㅗ'일 때에는 어미를 '-아'로 적고, 그 밖의 모음일 때에는 '-어'로 적는다.

> **제17항** 어미 뒤에 덧붙는 조사 '요'는 '요'로 적는다.

제15항은 각 형태소의 경계와 의미를 쉽게 파악하기 위해 실질 형태소인 어간과 형식 형태소인 어미를 구별해 적는다는 것이다. 제16항은 모음조화와 관련한 규정으로 용언의 어간과 어미가 결합할 때에는 엄격히 지켜지는 규정이다. 제17항은 제15항 [붙임2,3]의 '-오', '이요'와 함께 다루고자 한다.

2.2.1. 원형을 밝혀 적는 경우

제15항의 '붙임1'은 두 개의 용언이 결합하여 한 단어로 기능하는 경우의 표기법 규정이다. 원형을 밝혀 적는 경우와 그렇지 않은 경우가 있다.

❶ 넘어지다, 돌아가다, 엎어지다, 흩어지다
❷ 드러나다, 사라지다, 쓰러지다

❶은 '넘다(越), 돌다(回), 엎다(覆), 흩다(散)'의 의미가 유지되어 어간의 형태를 밝혀 적었다. 그러나 ❷는 '들다, 살다, 쓸다'의 의미가 드러나지 않기에 원형을 밝혀 적을 필요가 없다.

제15항의 '붙임2'와 '붙임3'은 어미 '-오'와 '이요', 제17항은 조사 '-요'의 표기를 규정하고 있다. 이들은 발음과 형태가 유사하여 표기에 혼동이 많지만 문법적 기능은 전혀 다르다.

예제1　① 손님, 어서 오십시{오/요}.
　　　　　② 이것은 책{이오/이요}, 저것은 공책이오.
　　　　　③ 자, 이번에는 철수가 국어책 9쪽을 읽어{오/요}.

'예제1'의 ①은 '-오'가 바른 표기이다. '-오'[26]는 문장 종결형의 어미로만 기능하기 때문이다. 따라서 ①과 ②의 종결형은 '오십시오.'와 '공책이오.'이다.

'예제1'의 ②는 '이요'가 바른 표기이다. '-요'는 '이다', '아니다'의 어간 뒤에 붙어 '어떤 사물이나 사실 따위를 열거할 때 쓰이는 연결 어미'이기 때문이다. 따라서 ②는 "이것이 책이오."와 "저것은 공책이오."라는 두 문장을 연결 어미 '-요'로 연결한 구조이다.

'예제1'의 ③은 '-요'가 바른 표기이다. '-요'는 종결 어미 뒤에 붙어 청자에게 존대의 뜻을 나타내는 보조사이기 때문이다. 즉, ③은 "자, 이번에는 철수가 국어책 9쪽을 읽어."처럼 반말이기는 하지만 독립적인 문장 구조이다. 이 문장에 높임의 의미를 추가하려면 보조사 '-요'를 추가하면 된다.

---

26) '-오'는 ('이다', '아니다'의 어간, 받침 없는 용언의 어간, 'ㄹ' 받침인 용언의 어간 또는 어미 '-으시-' 뒤에 붙어) "하오할 자리에 쓰여, 설명·의문·명령의 뜻을 나타내는 종결 어미"(표준국어대사전)라고 풀이하고 있다.

2.2.2. 원형을 밝혀 적지 않는 경우

제18항은 용언의 불규칙 활용에 의해 어간이나 어미가 원칙에서 벗어나면 벗어나는 대로 적도록 규정하고 있다. 이는 용언의 원형을 밝혀 적으라는 제15항~제17항과 정반대의 표기 원리이다. 세부 항목이 많아 한 항목씩 분절하여 살피기로 한다.

1) 어간 끝 'ㄹ'이 줄어질 적[27]

어간 끝 받침 'ㄹ'이 어미의 첫소리 'ㄴ, ㅂ, ㅅ' 및 '-(으)오' 앞에서 줄어지는 경우, 준 대로 적는다.

	'-니'	'-ㄴ'	'-ㅂ니다'	'-시-'	'-오'
갈다	가니	간	갑니다	가시다	가오
불다	부니	분	붑니다	부시다	부오
둥글다	둥그니	둥근	둥급니다	둥그시다	둥그오

> **예제2** ① {간/갈은} 마늘 어디에 있어요?
> ② {거친/거칠은} 들판으로 달려가자.
> ③ 하늘을 {나는/날으는} 비행기 타고 가자.

'예제2'의 밑줄 친 부분은 'ㄹ' 탈락 규칙을 잘못 적용하였다. '갈다, 거칠다, 날다'에 관형사형 어미 'ㄴ'이 오면 '간, 거친, 나는'으로 활용해야 한다. 단, '말다'는 '(걱정하지) 마/마라/마요'와 같이 써도 되고 '(걱정하지) 말아/말아라/말아요'와 같이 써도 된다.[28]

2) 어간 끝 'ㅅ'이 줄어질 적

'ㅅ' 불규칙 용언의 활용으로, 어간 끝 받침 'ㅅ'이 모음의 어미 앞에서 줄어지는 경우, 준 대로 적는다.

---

27) 〈표준국어대사전〉에는 'ㄹ 불규칙 용언'을 "어간의 끝소리인 'ㄹ'이 'ㄴ', 'ㅂ', 'ㅅ'으로 시작하는 어미나 어미 '-오' 앞에서 예외 없이 탈락하는 것으로 밝혀진 이후로는 불규칙 활용으로 보지 않는다."로 풀이하고 있다. 즉, 어간은 본래 변하지 않는데 어간의 형태가 변했으니, 이 부분에 초점을 맞추면 '리을 불규칙 용언'이라 할 수 있다. 그러나 학교 문법은 특정한 환경에서 반드시 일어나는 'ㄹ' 탈락 규칙으로 다루고 있다.

28) 'ㄹ' 받침은 명사형 어미 '-ㅁ' 앞에서 줄지 않는다. 따라서 '옷을 만듦(만들+ㅁ), 물건을 팖(팔+ㅁ), 한옥에 삶(살+ㅁ)'으로 표기한다.

	'-아/어'	'-으니'	'-았/었다'
낫다	나아	나으니	나았다
잇다	이어	이으니	이었다
짓다	지어	지으니	지었다

예제3 ① 병이 다 {나으면/낫으면} 한번 보자.
② 두 점을 {이은/잇는} 선을 '선분'이라 한다.
③ 고추 농사를 {지으려고/짓으려고} 준비를 했다.

'예제3'의 ①과 ③은 '낫다', '짓다'가 '-으면, -으려고'와 만나면 어간의 끝 받침 'ㅅ'이 탈락한다. 따라서 '나으면/나으려고, 지으면/지으려고'로 활용한다.

'예제3'의 ②는 동사 '잇다'의 활용이다. '잇다'는 'ㅅ 불규칙 용언'으로 자음의 어미 앞에서는 'ㅅ'이 탈락하지 않지만 모음의 어미 앞에서는 'ㅅ'이 탈락한다. 따라서 '잇-+-은→이은', '잇-+-는→잇는'이 바른 표기이다.

3) 어간 끝 'ㅎ'이 줄어질 적

'ㅎ' 불규칙 용언의 활용으로, 형용사의 어간 끝 받침 'ㅎ'이 어미 '-네'나 모음의 어미 앞에서 줄어지는 경우, 준 대로 적는다.[29]

	'-네'	'-으니'	'-은/-을'	'-으면'	'-습니다'
그렇다	그러네/그렇네	그러니	그런/그럴	그러면	그렇습니다
까맣다	까마네/까맣네	까마니	까만/까말	까마면	까맣습니다
하얗다	하야네/하얗네	하야니	하얀/하얄	하야면	하얗습니다

예제4 ① 지금 상황이 {그렇니/그러니} 어떡하니?
② 이를 {어떻게/어떡해} 처리하지? 도대체 {어떻게/어떡해}.
③ 'ㅎ' 불규칙 용언과 모음 '-아/-어'가 결합한 모습은 무엇인가?

'예제4'의 ①은 'ㅎ' 받침의 형용사 어간 '그렇-' 뒤에 모음의 연결 어미 '-으니', '-으냐'가 붙

---

29) 이 현상은 'ㅎ'을 받침으로 갖는 형용사 중, '좋다'를 제외한 모든 형용사에 적용된다.

어 '그러니', '그러냐'로 활용한다. 다만, 자음의 어미 앞에서는 '그렇듯, 그렇기에, 그렇죠' 등으로 어간 'ㅎ'이 남아 있다.[30]

'예제4'의 ②는 '어떻게'와 '어떡해' 모두 바른 표기로, 구별해 사용해야 한다. 즉, '어떻게'는 '어떻-'에 어미 '-게'가 결합한 부사어임에 반해 '어떡해'는 '어떻게 해'라는 구(句)가 줄어든 형태이다.[31]

'예제4'의 ③은 '까맣-'과 '-아', '누렇-'과 '-어'가 만나 '까매', '누레'가 된다. 즉, 어간 끝음절의 모음에 따라 활용이 결정된다. '(노랗다)노래, 파랗다(파래), 하얗다(하얘), 허옇다(허예)' 또한 같다.[32] 다만, '그렇다, 이렇다, 저렇다'는 '그래, 이래, 저래'로 일관되게 활용하는 점을 기억해야 한다.

한편, 2015년 12월 15일 '제3차 표준어 추가 사정'의 결과 어간 끝음절 'ㅎ'이 어미 '-네' 앞에서 탈락하지 않는 형태 '그렇네, 까맣네, 하얗네'가 표준어의 자격을 얻게 되었다.

4) 어간 끝 'ㅜ, ㅡ'가 줄어질 적

'ㅜ' 불규칙과 'ㅡ' 불규칙 용언의 활용에 대한 규정이다. 'ㅜ' 불규칙 용언은 어간 모음 'ㅜ'가 어미 '-어' 앞에서 탈락하는 것으로, '푸다' 하나뿐이다. 그리고 'ㅡ' 불규칙 용언은 어간 모음 'ㅡ'가 어미 '-어' 앞에서 탈락하는 것으로, '끄다, 기쁘다, 예쁘다' 등이 해당한다.[33]

	'-아/-어'	'-았/-었다'
푸다	퍼	펐다
끄다	꺼	껐다
따르다	따라	따랐다

예제 5　① 우물에서 물을 {펐다/푸었다}.
　　　　　② 회비를 {거더/거둬} 커피를 샀다.
　　　　　③ 요즘 김치를 {담가/담궈} 먹는 집이 줄고 있다.

---

30) 동사 '그리하다'의 준말인 '그러다'의 활용형 '그러네, 그런, 그러니' 등은 형용사 '그렇다'의 활용형과 동일하다. 다만, 동사 '그러다'에 '-느냐'가 결합하면 '그러느냐'로 활용한다.

31) '어떻게'(부사어)는 용언을 수식하지만, '어떡해'(서술어)는 용언을 수식할 수 없다.

32) '-았/었'이 결합하면, '그랬다, 노랬다, 파랬다, 하얬다, 허옜다' 등으로 활용한다.

33) '르' 불규칙과 '러' 불규칙 용언에 해당하지 않는 단어들이다.

'예제5'의 ①은 '푸다'의 과거형을 묻고 있다. 'ㅜ' 불규칙 용언인 '푸다'는 모음의 어미와 결합하면 어간의 받침 'ㅜ'가 반드시 탈락한다. 따라서 올바른 표기는 '푸었다'가 아닌 '펐다'이다. 그러나 'ㅜ' 불규칙 용언이 아닌 '쑤다', '꾸다' 등은 '(죽을) 쑤었다, (돈을) 꾸었다'로 활용한다.

'예제5'의 ②는 '거두다'가 기본형이다. 어간 '거두-'와 모음의 어미 '-어'가 만나면 '거둬'로 활용한다. 왜냐하면 'ㅜ' 불규칙 용언이 아니기 때문이다.

'예제5'의 ③은 '담그다'가 기본형이다. 'ㅡ' 불규칙 용언인 '담그다'는 모음의 어미 '-아/-어서' 등이 붙으면 어간의 끝 'ㅡ'가 탈락하여 '담가, 담가서'와 같이 활용한다.

5) 어간 끝 'ㄷ'이 'ㄹ'로 바뀔 적

'ㄷ' 불규칙 용언의 활용에 대한 규정이다. 'ㄷ' 받침을 가진 일부 단어 중, 모음 어미와 결합할 때, 'ㄷ'이 'ㄹ'로 바뀌는 현상이다.

	'-아/-어'	'-으니'	'-았/-었다'
묻다(問)	물어	물으니	물었다
싣다	실어	실으니	실었다
깨닫다	깨달아	깨달으니	깨달았다

예제 6　① 물을 {긷으러/길으러} 산길을 내려갔다.
　　　　② 항아리를 {묻으러/물으러} 땅을 파기 시작했다.
　　　　③ '일컫다'의 활용 중, '일컫는'과 '일컬은'의 차이는 무엇인가?

'예제6'의 ①은 'ㄷ' 불규칙 용언 '긷다'의 활용형을 묻고 있다. 이는 '긷-+-으러' 환경에서 받침 'ㄷ'이 'ㄹ'로 변한 '길으러'로 활용한다. 따라서 '길러'로 표현해서는 안 된다.

'예제6'의 ②는 기본형 '묻다(埋)'의 활용형을 찾아야 한다. "물건을 흙이나 다른 물건 속에 넣어 보이지 않게 쌓아 덮다"의 '묻다'는 '묻다(問)'와 달리 'ㄷ' 불규칙 용언이 아니어서 '묻어, 묻으니, 묻으러' 등으로 규칙 활용을 한다.

'예제6'의 ③은 '일컫다'의 활용형으로, '일컫는'과 '일컬은' 두 가지 모두 바른 표기이다. 전자는 '일컫다'의 어간 '일컫-'에 현재 관형사형 어미 '-는'이 결합한 형태이고, 후자는 어간 '일컫-'에 과거 관형사형 어미 '-은'이 결합하여 'ㄷ' 받침이 'ㄹ'로 바뀐 것이다.

6) 어간 끝 'ㅂ'이 'ㅜ'로 바뀔 적

'ㅂ' 불규칙 용언의 활용에 대한 규정이다. 'ㅂ' 받침을 가진 일부 단어 중, 모음 어미와 결합할 때, 'ㅂ'이 'ㅜ'로 바뀌는 현상이다.

	'-아/-어'	'-으니'	'-았/-었다'
깁다	기워	기우니	기웠다
괴롭다	괴로워	괴로우니	괴로웠다
무겁다	무거워	무거우니	무거웠다

> **예제7** ① 고기를 {굽어/구워} 맛있게 먹었다.
> ② 할머니는 허리가 많이 {굽었다/구웠다}.
> ③ 내가 아빠를 도우니 동생은 나를 도와 짐을 옮겼다.

'예제7'의 ①과 ②는 '굽다'의 활용과 관련한 문제이다. 둘 다 'ㅂ' 받침을 지니고 있지만 활용의 방식은 다르다. 즉 ①은 모음 어미 앞에서 어간 받침 'ㅂ'이 'ㅜ'로 변하는 'ㅂ' 불규칙 용언으로, '구워'로 활용한다. 그러나 ②는 모음 어미 앞에서도 어간 받침 'ㅂ'을 그대로 유지하는 규칙 용언이다. 따라서 ①의 '굽다(炙)'와 ②의 '굽다(曲)'의 활용 방식에 주의해야 한다.

'예제7'의 ③은 '도우니'와 '도와'의 활용 방식을 이해해야 한다. '도우니'는 '돕-+-으니' 환경에서 'ㅂ' 불규칙 활용에 따라 어간 받침 'ㅂ'이 'ㅜ'로 바뀐 것이다. 그런데 '도와'는 '괴로워', '외로워', '아름다워' 등과 달리 적고 있다. 왜냐하면, '괴롭다, 외롭다, 아름답다'에 '-아'가 결합하면 [괴로와, 외로와, 아름다와]로 발음하지 않지만, '돕-+-아'는 실제 발음이 [도와]이기 때문이다.

다만, '돕-, 곱-'과 같은 단음절 어간에 어미 '-아'가 결합되어 '와'로 소리 나는 것은 '-와'로 적는다.
  돕다(助): 도와   도와서   도와도   도왔다
  곱다(麗): 고와   고와서   고와도   고왔다

7) '하다'의 활용에서 어미 '-아'가 '-여'로 바뀔 적

'여' 불규칙 활용으로, '하다' 및 접미사 '-하다'가 붙는 모든 용언이 이에 해당한다.

	'-아'	'-아서'	'-었다'
하다	하여	하여서	하였다
가다	가	가서	갔다
자다	자	자서	잤다

'가다', '자다'처럼 'ㅏ'를 지닌 단음절 어간이 모음 어미 '-아'와 결합하면 동음 생략이 일어난다. 그런데 '하-' 뒤에서는 [여]로 발음되기 때문에 예외적인 형태인 '여'로 적게 하였다.

8) 어간의 끝음절 '르' 뒤에 오는 어미 '-어'가 '-러'로 바뀔 적

'러' 불규칙 용언의 활용에 관한 규정으로, 어미 '-어', '-어서'의 '-어'가 '-러'로 바뀌는 현상이다.

	'-어'	'-었다'
이르다(至)	이르러	이르렀다
누르다	누르러	누르렀다
푸르다	푸르러	푸르렀다

'러' 불규칙 용언에 해당하는 '누르다'의 의미는 "황금이나 놋쇠의 빛깔과 같이 다소 밝고 탁하다."이다.[34] 이밖에 "달걀노른자의 빛깔과 같이 밝고 선명하다."는 의미의 '노르다' 역시 '노르러, 노르렀다'로 활용한다.

9) 어간의 끝음절 '르'의 'ㅡ'가 줄고, 그 뒤에 오는 어미 '-아/-어'가 '-라/-러'로 바뀔 적

'르' 불규칙 용언의 활용에 관한 규정으로, 어미 '-아/-어'가 결합하여 'ㅡ'가 탈락하고 'ㄹ'이 덧붙는 경우, 바뀐 대로 적어야 한다.

---

34) "물체의 전체 면이나 부분에 대하여 힘이나 무게를 가하다"는 의미의 '누르다'는 '눌러, 누르니'로 활용하는 '르' 불규칙 용언에 해당한다.

제1부 한글 맞춤법

	'-아/-어'	'-았/-었다'
가르다	갈라	갈랐다
부르다	불러	불렀다
이르다(謂)	일러	일렀다

예제8 ① 저 사람은 예의가 {바라서/발라서} 좋다.
　　　　 ② 어려움 속에서도 무사히 시험을 {치렀다/치뤘다}.
　　　　 ③ 지금 시간에 일어나는 것은 너무 {이르다/일르다}.

'예제8'의 ①은 '발라서'가 바른 표기이다. 왜냐하면 '바르다'는 '르' 불규칙 용언이기 때문이다. 즉 '바르-+-아서'의 환경에서 어간 'ㅡ' 탈락과 'ㄹ' 덧생김 현상이 일어나, '발라서'로 활용한다.

'예제8'의 ②는 '치르다'의 활용으로, 모음 어미 앞에서 어간의 'ㅡ'가 탈락할 뿐이다. 따라서 '치렀다'가 바른 표기이다. '치루다'는 단어가 존재하지 않기에 '치뤘다' 역시 존재할 수 없는 형태이다.

'예제8'의 ③ '이르다'는 8)과 9)의 '이르다(至/謂)'와 그 의미가 다른 단어이다. "대중이나 기준을 잡은 때보다 앞서거나 빠르다"는 형용사로, '르' 불규칙 활용을 한다. 따라서 '일러, 이르니' 등으로 활용한다.[35]

---

35) '이르다(早)'는 형용사로 동사인 '이르다(至)', '이르다(謂)'와 다르다. 다만, '르' 불규칙 용언이라는 점에서는 '이르다(謂)'와 같다.

2.3. 제3절 접미사가 붙어서 된 말

제3절은 '접미사가 붙어서 된 말'에 대한 표기 규정이다. 이 절은 단어와 접미사[36]가 결합할 때, '원형을 밝혀 적는 경우'와 '그렇지 않은 경우'의 표기로 대별된다는 점이 특징이다.

2.3.1. 제19항의 표기 규정

제19항은 어간에 용언을 명사와 부사로 파생시키는 접미사가 붙는 경우의 표기를 규정하고 있다. 한국어에서 '-이'와 '-음/-ㅁ'은 명사 파생 접미사, '-이'나 '-히'는 부사 파생 접미사로 기능한다.

> **제19항** 어간에 '-이'나 '-음/-ㅁ'이 붙어서 명사로 된 것과 '-이'나 '-히'가 붙어서 부사로 된 것은 그 어간의 원형을 밝히어 적는다.

1) 원형을 밝혀 적는 경우

첫째, 용언의 어간에 명사 파생 접미사 '-이'와 '-음/-ㅁ'이 붙은 형태는 어법에 맞게 적는다.

　예 '길이, 높이, 먹이, 미닫이, 쇠붙이' / '걸음, 묶음, 웃음' / '앎' 등.

둘째, 용언의 어간에 부사 파생 접미사 '-이'와 '-히'가 붙은 형태는 어법에 맞게 적는다.

　예 '같이, 길이, 많이, 실없이, 짓궂이' / '밝히, 익히, 작히' 등.

2) 원형을 밝혀 적지 않는 경우

첫째, 어간에 '-이', '-음'이 붙은 명사일지라도 그 어간의 뜻에서 멀어진 것은 소리대로 적는다.

　예 '굽도리, 무녀리, 목거리' / '거름, 노름' 등[37]

둘째, 어간에 '-이', '-히', '-음/-ㅁ' 이외의 모음으로 시작되는 접미사가 붙어 다른 품사로 바뀐 것은 소리대로 적는다.

　예 명사: '꾸중, 나머지, 누룽지' / 부사: '도두, 도로, 마주' / 조사: '나마, 부터, 조차' 등[38]

---

36) 접미사(接尾辭)는 다른 단어의 어근 뒤에 붙어서 새로운 의미의 단어를 파생시킨다.

37) 현재 '돌다, 열다, 걸다 / (땅이) 걸다, 놀다'의 뜻에서 멀어진 것들이다. '걸다'의 의미가 유지되는 단어는 '목걸이'이다. '걷다'는 '걸음', '놀다'는 '놀음'에 그 의미가 살아 있어 원형을 밝혀 적는 것이다.

38) '-웅, -어지, -웅지 / -우, -오, -우 / -아, -어, -아'처럼 생산성이 없는 불규칙한 접미사가 결합되어 있다.

예제1 ① '산 {넘어/너머} 산이다'는 속담이 있다.
　　　　② 담 {넘어/너머} 마당에는 꽃들이 활짝 피어 있네.

'예제1'은 '넘다'와 관련하여, 어간 '넘(다)'의 의미가 유지되는지 아닌지를 살펴야 정확한 표기를 찾을 수 있다. ①의 속담은 힘든 일이 지속되는 상황을 비유하는 것으로, 문맥상 '힘든 산을 넘어 갔더니 또 넘어야 할 산이 있더라.'는 의미이다. 따라서 '넘어'가 바른 표기이다. 반면, ②는 '담'을 넘는 동작이 들어 있지 않고 담 뒤에 있는 공간인 마당을 가리키기에, '너머'를 써야 한다.

2.3.2. 제20항의 표기 규정

제20항은 명사 뒤에 접미사가 붙는 경우의 표기를 규정하고 있다. 역시 원형을 밝혀 적는 경우와 그렇지 않은 경우로 구별하고 있다.

> **제20항** 명사 뒤에 '-이'가 붙어서 된 말은 그 명사의 원형을 밝히어 적는다.
> **[붙임]** '-이' 이외의 모음으로 시작된 접미사가 붙어서 된 말은 그 명사의 원형을 밝히어 적지 아니한다.

1) 원형을 밝혀 적는 경우

첫째, 명사에 접미사 '-이'가 붙어 부사로 파생되는 단어는 어법에 맞게 적는다.
　　예 '곳곳이, 몫몫이, 샅샅이, 집집이' 등.

둘째, 명사에 접미사 '-이'가 붙어 뜻만 달라지는 단어 역시 어법에 맞게 적는다.
　　예 '곰배팔이, 바둑이, 삼발이, 절뚝발이' 등.

2) 원형을 밝혀 적지 않는 경우

명사 뒤에 '-이' 이외의 모음으로 시작하는 접미사가 붙는 경우는 생산성이 높지 않은 불규칙한 결합으로 명사의 원형을 밝히어 적지 않는다.
　　예 '꼬락서니, 끄트머리, 모가치, 이파리, 지푸라기' 등.[39]

---

39) '-악서니, -으머리, -아치, -아리, -우라기'의 접미사를 구분해 볼 수 있다.

예제 2　① 내 {모가치/목사치}만 남기고 처분해.
　　　　　② {벼슬아치/벼스라치}는 나랏일을 맡아보는 사람이다.

'예제2'의 ①은 명사 '몫'에 접미사 '-아치'가 결합한 구조로 해석하면, '모사치'가 되어야 한다. 그러나 [모가치]로 굳어진 발음을 관용으로 받아들여 '모가치'로 표기하기로 하였다.

'예제2'의 ② 역시 명사 '벼슬'에 접미사 '-아치'가 붙은 형태이다. 따라서 제20항의 [붙임] 조항에 따라 '벼스라치'로 표기해야 할 것이다. 그러나 언중들이 '벼슬'이라는 형태를 분명히 인식하고 있기에 이를 구별하여 적기로 하였다. 결국, '예제2'의 ①과 ②의 표기는 [붙임]에 해당하는 사례라 할 수 있다.

2.3.3. 제21항의 표기 규정

제21항은 명사나 어간 뒤에 자음으로 시작하는 접미사가 붙는 경우의 표기를 규정하고 있다. 일반적 원칙의 표기와 예외의 표기를 다루고 있다.

> **제21항**　명사나 혹은 용언의 어간 뒤에 자음으로 시작된 접미사가 붙어서 된 말은 그 명사나 어간의
> 　　　　　원형을 밝히어 적는다.
> 다만, 다음과 같은 말은 소리대로 적는다.
> 　　(1) 겹받침의 끝소리가 드러나지 아니하는 것
> 　　(2) 어원이 분명하지 아니하거나 본뜻에서 멀어진 것

1) 원형을 밝혀 적는 경우

첫째, 명사 뒤에 자음으로 시작된 접미사가 붙어서 된 것은 어법에 맞게 적는다.

　예 '값지다, 넋두리, 빛깔, 옆댕이, 잎사귀' 등.

둘째, 어간 뒤에 자음으로 시작된 접미사가 붙어서 된 것은 어법에 맞게 적는다.

　예 '뜯게질⁴⁰⁾, 굵다랗다, 넓죽하다, 깊숙하다, 얽죽얽죽하다' 등.

---

40) '뜯게질'은 '해지고 낡아서 입지 못하게 된 옷이나 빨래할 옷의 솔기를 뜯어내는 일'을 의미하는 단어로, '옷이나 장갑 따위를 실이나 털실로 떠서 만드는 일'의 '뜨개질'과 다른 말이다.

2) 원형을 밝혀 적지 않는 경우

첫째, 겹받침의 끝소리가 드러나지 않은 경우(겹받침의 두 받침 중, 앞엣것만 발음되는 경우)에는 소리대로 적는다.

    예 '할짝거리다, 널찍하다, 말쑥하다, 실쭉하다, 얄팍하다, 짤따랗다' 등.

둘째, 어원이 분명하지 않거나 본뜻에서 멀어진 것은 소리대로 적는다.

    예 '넙치[41], 올무, 골막하다, 납작하다' 등.

예제3   ① {넓적하다/넙적하다}의 발음은 [넙쩌카다]이다.
         ② 그는 친구가 주는 돈을 {넙죽/넓죽} 받아 주머니에 넣었다.

'예제3'의 ①은 '펀펀하고 얇으면서 꽤 넓다'와 관련한 단어이다. 이는 어간 '넓적-' 뒤에 자음의 접미사 '-하다'가 붙은 것으로 원형을 밝혀 적어야 한다. 또한 겹받침 'ㄼ'(넓-)에서 뒤의 'ㅂ'이 발음되는 형태이기 때문에 '넓적하다'가 바른 표기이다. '넓적다리' 또한 이 규정에 해당한다.

'예제3'의 ②는 '넓다'라는 의미가 유지되면 원형을 밝혀 '넓죽'으로 표기해야 한다. 그러나 이 문장의 '넙죽'은 '넓다'와 관련이 있다고 보기 어렵다.

2.3.4. 제22항의 표기 규정

제22항은 용언의 어간에 피동·사동·강세 접미사가 붙는 경우의 표기를 규정하고 있다. 앞 항목과 마찬가지로 원형을 밝혀 적는 경우와 그렇지 않은 경우로 구분하여 서술하고 있다.[42]

> **제22항**   용언의 어간에 다음과 같은 접미사들이 붙어서 이루어진 말들은 그 어간을 밝히어 적는다.
>   1. '-기-, -리-, -이-, -히-, -구-, -우-, -추-, -으키-, -이키-, -애-'가 붙는 것
>   다만, '-이-, -히-, -우-'가 붙어서 된 말이라도 본뜻에서 멀어진 것은 소리대로 적는다.
>   2. '-치-, -뜨리-, -트리-'가 붙는 것
>   [붙임] '-업-, -읍-, -브-'가 붙어서 된 말은 소리대로 적는다

---

41) '넓다'와 관련성을 지니지만 그 관계가 분명히 드러나지 않아서 소리 나는 대로 적는다.

42) '먹다'의 피동사는 피동 접미사 '-히-'가 붙은 '먹히다'이고, 사동사는 사동 접미사 '-이-'가 붙은 '먹이다'이다. '깨다'의 어간에 강조의 뜻을 더하는 접미사 '-뜨리-/-트리-'가 붙으면 '깨뜨리(트리)다'로 파생된다.

1) 원형을 밝혀 적는 경우

첫째, '-기-, -리-, -이-, -히-, -구-, -우-, -추-, -으키-, -이키-, -애-'는 피동, 사동 등의 의미를 더하는 접미사이다. 이들은 여러 용언과 규칙적으로 결합하며 생산성이 높아 어간과 접사의 형태를 밝혀 적도록 하였다.

> 예 '맡기다, 웃기다, 뚫리다, 울리다, 낚이다, 쌓이다, 굳히다, 굽히다, 돋구다, 솟구다, 돋우다, 갖추다, 맞추다, 일으키다, 돌이키다, 없애다 등.

둘째, '-치-, -뜨리-, -트리-'는 강세의 의미를 더하는 접미사로, 어간과 접사의 형태를 밝혀 적는다.

> 예 '놓치다, 덮치다, 부딪뜨리다/부딪트리다, 흩뜨리다/흩트리다 등.

2) 원형을 밝혀 적지 않는 경우

첫째, 접미사 '-이-, -히-, -우-'가 붙은 말이라도 본뜻에서 멀어진 것은 소리대로 적는다.

> 예 '도리다(칼로~), 바치다(세금을~), 거두다 등.

둘째, '-업-, -읍-, -브-'가 붙은 말은 소리대로 적는다.

> 예 '미덥다, 시끄럽다, 우습다, 미쁘다, 슬프다' 등.

예제 4 ① 오랜만에 친구에게 편지를 {부치다/붙이다}.
② 그는 화가 나서 자신을 몸을 벽에 {부딪히다/부딪치다}.

'예제4'의 ①은 '붙-'의 의미가 유지되는 '붙이다'와 그렇지 않은 '부치다'를 구별해야 한다. 예문은 '편지나 물건 따위를 일정한 수단이나 방법을 써서 상대에게로 보내다'는 의미로, '붙다'의 본뜻에서 멀어진 '부치다'가 옳다.

'예제4'의 ②는 '부딪-'에 피동 접미사 '-히-'가 결합한 '부딪히다'와 강세 접미사 '-치-'가 결합한 '부딪치다'를 구별해야 한다. 예문은 '자신의 화를 참지 못해서 몸을 벽에 강하게 부딪다'는 의미를 강조하고 있다. 따라서 '부딪치다'로 표기해야 한다. '부딪히다'는 "길에서 자전거에 부딪히다."로 사용한다.

2.3.5. 제23항~제25항의 표기 규정

제23항~제25항은 접미사 '-하다'나 '-거리다'가 붙는 경우의 표기 규정을 다룬다. 이 역시 원형을 밝혀 적는 경우와 그렇지 않은 경우로 대별된다.

1) 원형을 밝혀 적는 경우

첫째	**제23항** '-하다'나 '-거리다'가 붙는 어근에 '-이'가 붙어서 명사가 된 것은 그 원형을 밝히어 적는다.

제23항의 예시어로는 '깔쭉이, 꿀꿀이, 눈깜짝이, 더펄이, 배불뚝이, 삐죽이, 살살이, 쌕쌕이, 코납작이, 푸석이, 홀쭉이' 등[43]이 있다.

둘째	**제24항** '-거리다'가 붙을 수 있는 시늉말 어근에 '-이다'가 붙어서 된 용언은 그 어근을 밝히어 적는다.

제24항의 예시어로는 '깜짝이다, 꾸벅이다, 끄덕이다, 뒤척이다, 들먹이다, 망설이다, 번득이다, 번쩍이다, 속삭이다, 숙덕이다, 울먹이다, 움직이다, 지껄이다, 퍼덕이다, 허덕이다, 헐떡이다' 등이 있다.

셋째	**제25항** '-하다'가 붙는 어근에 '-히'나 '-이'가 붙어서 부사가 되거나, 부사에 '-이'가 붙어서 뜻을 더하는 경우에는 그 어근이나 부사의 원형을 밝히어 적는다.

제25항의 '급히, 꾸준히, 도저히, 딱히, 어렴풋이, 깨끗이' 등은 '-하다'가 붙는 어근에 '-히', '-이'가 붙은 부사어에 해당한다. 그리고 '곰곰이, 더욱이, 생긋이, 일찍이, 해죽이' 등은 부사에 '-이'가 붙은 부사어에 해당한다.

---

43) '깔쭉이'는 '가장자리를 톱니처럼 파 깔쭉깔쭉하게 만든 주화(鑄貨)를 속되게 이르는 말', '눈깜짝이'는 '눈깜작이(눈을 자주 깜작거리는 사람)의 센말이며, '쌕쌕이'는 '제트기를 속되게 이르는 말'이다.

2) 원형을 밝혀 적지 않는 경우

첫째	**제23항** [붙임] '-하다'나 '-거리다'가 붙을 수 없는 어근에 '-이'나 또는 다른 모음으로 시작되는 접미사가 붙어서 명사가 된 것은 그 원형을 밝히어 적지 아니한다.

제23항 [붙임]에 해당하는 예시어는 '개구리, 귀뚜라미, 기러기, 깍두기, 날라리, 누더기, 딱따구리, 매미, 부스러기, 뻐꾸기, 얼루기' 등[44]이다.

둘째	**제25항** [붙임] '-하다'가 붙지 않는 경우에는 소리대로 적는다.

제25항 [붙임]에 해당하는 예시어는 '갑자기, 반드시(꼭), 슬며시' 등이다. '-하다'가 붙지 않아서 어근과 접미사를 분리하기 어려울 때에는 어근의 원형을 밝히지 않고 소리 나는 대로 적는다.

예제 5	① {오뚝이/오뚜기}는 어린아이의 장난감이다.
	② 너는 다음 주까지 {반듯이/반드시} 숙제를 해야 한다.

'예제5'의 ①은 '-하다'가 붙는 어근 '오뚝'[45]에 '-이'가 붙어 명사가 되면 그 원형을 밝혀 적어야 한다(제23항). 따라서 올바른 표기는 '오뚝이'이다.

'예제5'의 ②는 '하다'가 붙지 않는 어근 '반듯'에 '-이'가 붙어 부사가 되는 경우 소리대로 적는다는 규정(제25항 [붙임])에 따라 '반드시'로 표기해야 한다. 한편, '-하다'가 붙는 '반듯'에 '-이'가 붙은 '반듯이'는 원형을 밝혀 적어야 하고, '비뚤어지거나 기울거나 굽지 않고 바르게'란 뜻을 나타낸다.

---

44) '얼룩얼룩한 점이나 무늬. 또는 그런 점이나 무늬가 있는 짐승이나 물건'을 뜻하는 단어는 '얼룩이'가 아닌 '얼루기'이다. 그러나 '여러 가지 어두운 빛깔의 점이나 줄 따위가 고르게 무늬를 이룬 모양을 나타내는 말은 '얼룩얼룩'(부사)이다.

45) '작은 물건이 도드라지게 높이 솟아 있는 모양'을 뜻하는 부사는 '오똑'이 아닌 '오뚝'이다. 한편, 기업 이름의 '오뚜기'는 고유명사로 맞춤법 규정의 대상이 아니다.

2.4. 제4절 합성어 및 접두사가 붙는 말

제4절은 '합성어 및 접두사가 붙는 말'에 대한 표기 규정으로, 하위 5개 항(제27항~제31항)으로 구성되어 있다. 이 중, 제27항은 본 절의 일반적 표기 원칙인 '원형을 밝혀 적는' 경우를 제시하고 있다. 그리고 제27항의 [붙임]과 나머지 항들은 모두 '소리대로 적는' 경우의 표기를 제시하고 있다.

2.4.1. 제4절의 일반적 표기 원칙

제4절 합성어 및 접두 파생어의 표기 원칙은 다음 제27항에 나타난다.

> **제27항** 둘 이상의 단어가 어울리거나 접두사가 붙어서 이루어진 말은 각각 그 원형을 밝히어 적는다.

제4절의 일반적 표기 원칙은 두 가지이다.

첫째, 합성어는 두 개의 실질 형태소(어근)가 결합한 단어로, 뜻을 분명히 하기 위해 각 어근의 형태를 밝혀 적는다.

　㉾ '꺾꽂이, 물난리, 부엌일, 옷안, 값없다, 겉늙다, 굶주리다, 낮잡다, 엎누르다' 등.

둘째, 어근에 접두사[46]가 결합하여 새로운 단어가 형성될 때, 제3절의 접미사가 결합하는 말처럼 각각의 형태소를 구분하여 적는다.

　㉾ '웃옷, 헛웃음, 홀몸, 맞먹다, 새파랗다, 샛노랗다, 시꺼멓다, 싯누렇다, 엿듣다' 등.

> **예제6** ① {홀몸/홑몸}이 아니어서 장시간 여행은 어렵다.
> ② 색채 형용사 앞에 붙는 {새-/샛-/시-/싯-}의 구별법은?

'예제6'의 ①은 접두사 '홑-'과 '홀-'이 붙은 파생어 '홑몸'과 '홀몸'의 의미를 구별해야 한다. 문맥상 ①은 '아이를 배지 아니한 몸'을 뜻하는 '홑몸'이 들어가야 한다.[47]

'예제6'의 ②는 접두사 '새-/샛-/시-/싯-'이 결합하는 어근의 음운론적 환경을 파악해야 한다.

---

46) 접두사(接頭辭)는 어근이나 단어의 앞에 붙어 새로운 단어를 파생시킨다.

47) '홀몸'은 '딸린 사람이 없는 혼자의 몸'의 의미도 있다. 이 경우 "그는 처자식이 없는 홀몸(홑몸)이다."처럼 '홑몸'과 바꾸어 쓸 수 있다.

새까맣다 새빨갛다 새뽀얗다 새카맣다 새하얗다	시꺼멓다 시뻘겋다 시부옇다 시커멓다 시퍼렇다 시허옇다	샛노랗다 샛말갛다	싯누렇다 싯멀겋다

'새-/시-'는 어두음이 된소리나 거센소리 또는 받침이 'ㅎ'인 색채 형용사에 붙는다는 공통점을 지닌다. 그러나 '새-'는 첫음절 모음이 'ㅏ, ㅗ'인 형용사, '시-'는 첫음절 모음이 'ㅓ, ㅜ'인 형용사와 결합한다.

'샛-/싯-'은 어두음이 유성음인 색채 형용사에 붙는다는 공통점을 지닌다. 그러나 '샛-'은 첫음절의 모음이 'ㅏ, ㅗ'인 형용사, '싯-'은 첫음절의 모음이 'ㅓ, ㅜ'인 형용사와 결합한다.

2.4.2. 제4절의 예외적 표기 원칙

제4절의 일반적 표기 원칙에서 벗어나는 예외적 규정은 다음과 같다.

1) 제27항의 [붙임] 규정

[붙임1] 어원은 분명하나 소리만 특이하게 변한 것은 변한 대로 적는다.
[붙임2] 어원이 분명하지 아니한 것은 원형을 밝히어 적지 아니한다.
[붙임3] '이[齒, 虱]'가 합성어나 이에 준하는 말에서 '니' 또는 '리'로 소리 날 때에는 '니'로 적는다.

제27항 [붙임1]의 예시어는 '할아버지, 할아범'이다. '할'의 어원은 '크다'의 의미를 지닌 '한'이다. 그러나 '한+아버지', '한+아범'의 구조에서 '한→할'의 변화가 일어난 것을 표기에 반영하였다. 제27항 [붙임2]의 '골병, 골탕, 끌탕, 아재비, 오라비, 업신여기다, 부리나케'는 어원이 명확하지 않아 소리 나는 대로 적은 것이다. 제27항 [붙임3]은 합성어나 이에 준하는 구조에서 원형을 밝혀 적는다는 일반적 원칙에서 벗어난 경우이다. 즉, '간+이, 덧+이, 송곳+이, 어금+이, 톱+이, 틀+이, 머리+이' 구조에서 발생하는 'ㄴ'음은 표기에 반영하지 않고 '이'의 원형을 밝혀 적는 것이 원칙이다. 그런데 'ㄴ'음을 표기에 반영한 '간니, 송곳니, 어금니, 윗니, 톱니, 틀니, 머릿니'로 적고 있다.

2) 제28항~제29항 규정

제28항 끝소리가 'ㄹ'인 말과 딴 말이 어울릴 적에 'ㄹ' 소리가 나지 아니하는 것은 아니 나는 대로 적는다.

다달이(달-달-이)	마소(말-소)	바느질(바늘-질)
부삽(불-삽)	여닫이(열-닫이)	우-짖다(울-짖다)

제29항 끝소리가 'ㄹ'인 말과 딴 말이 어울릴 적에 'ㄹ' 소리가 'ㄷ' 소리로 나는 것은 'ㄷ'으로 적는다.

반짇고리(바느질~)	사흗날(사흘~)	섣달(설~)
잗주름(잘~)	푿소(풀~)	섣부르다(설~)

제28항과 제29항은 음절 말 'ㄹ'이 탈락하거나 [ㄷ]으로 발음 나는 것을 표기에 반영하는 경우이다. 제28항의 음절 말 'ㄹ'은 'ㄴ, ㄷ, ㅅ, ㅈ' 앞에서 탈락하는데, 이는 비슷한 조음 위치의 연속음 중 하나를 탈락시켜 발음의 편의를 도모하기 위함이다.[48] 제29항은 음절 말 'ㄹ'이 역사적 현상으로 'ㄷ' 형태로 바뀌어 굳어진 것이기에 원형을 밝히어 적지 않는다.

3) 제31항 규정

제31항 두 말이 어울릴 적에 'ㅂ' 소리나 'ㅎ' 소리가 덧나는 것은 소리대로 적는다.
1. 'ㅂ' 소리가 덧나는 것

댑싸리(대ㅂ싸리)	멥쌀(메ㅂ쌀)	입때(이ㅂ때)
입쌀(입ㅂ쌀)	좁쌀(조ㅂ쌀)	햅쌀(햅ㅂ쌀)

2. 'ㅎ' 소리가 덧나는 것

살코기(살ㅎ고기)	수캐(수ㅎ개)	수컷(수ㅎ것)
수탉(수ㅎ닭)	안팎(안ㅎ밖)	암탉(암ㅎ닭)

제31항은 한국어의 변화 과정을 이해해야 한다. 첫째, '싸리(荊), 쌀(米), 때(時), 씨(種)' 등이 다른 형태소와 결합하면서 원래 없던 'ㅂ'음이 첨가될 때 'ㅂ'을 앞 형태소의 받침으로 내려 적는다. 즉, '댑싸리, 찹쌀, 입때, 볍씨' 등으로 표기한다. 이처럼 'ㅂ'음이 첨가되는 경우는

---

48) 한자어 '불(不)'의 'ㄹ'이 'ㄷ, ㅈ' 앞에서 떨어질 적에도 그대로 적는다.

중세 국어 시기에 'ㅂ'으로 시작하는 겹자음을 지닌 '뿌리, 쁠, 떼, 삐' 등 단어들이다. 둘째, 중세 국어의 'ㅎ' 종성체언에 해당하는 단어가 다른 형태소와 결합할 때, [ㅎ] 소리가 덧나면 거센소리로 표기[49]한다.

예제7 ① 오늘은 몇 월 {며칠/몇 일}이지?
② {암돼지/암퇘지}의 반대말은 {수돼지/수퇘지}이다.

'예제7'의 ①은 제27항 [붙임2]와 관련 있는 표기이다. '몇 월'은 관형사 '몇'과 명사 '월'이 결합한 구성이지만 '그달의 몇째 되는 날/몇 날'의 의미를 지니는 명사는 어원이 명확하지 않은 '며칠'이지 '몇일/몇 일'이 아니다.

'예제7'의 ②는 제31항('ㅎ' 소리가 덧나는 것)과 관련 있다. 이 단어는 '암ㅎ+돼지', '수ㅎ+돼지'의 구조이기에 '암퇘지'와 '수퇘지'가 바른 표기이다.

2.4.3. 사이시옷 표기(제30항)의 원칙

제4절의 제30항은 사이시옷 관련 표기 규정이다. 합성어 구성의 환경에서 특정한 발음('된소리', 'ㄴ', 'ㄴㄴ')이 날 때, 앞 형태소의 받침으로 사이시옷을 받치어 적어야 한다. 사이시옷 표기법은 필수 조건과 선택 조건을 따져야 하기에 그 내용이 복잡하고 어렵다. 그리하여 항의 순서를 바꾸어 제4절의 마지막 항으로 독립하여 다루고 있다.

1) 제30항의 규정 분석

제30항 사이시옷은 다음과 같은 경우에 받치어 적는다.
　　1. 순우리말로 된 합성어로서 앞말이 모음으로 끝난 경우
　　　　(1) 뒷말의 첫소리가 된소리로 나는 것
　　　　(2) 뒷말의 첫소리 'ㄴ, ㅁ' 앞에서 'ㄴ' 소리가 덧나는 것
　　　　(3) 뒷말의 첫소리 모음 앞에서 'ㄴㄴ' 소리가 덧나는 것

---

49) 'ㅎ' 종성체언인 '암-', '수-'가 결합하는 단어 중, 거센소리 표기를 표준어로 인정하는 예는 표준어 규정 '제7항'을 참고하라.

제30항은 사이시옷을 받치어 적는 경우를 두 가지로 구분한 후, 각각 세 가지 조건을 제시하고 있다. 이를 좀 더 단순한 구조로 제시하면 다음과 같다.

‣ 필수 조건

① 합성어야 한다.
② 고유어가 존재해야 한다.[50]
③ 앞말이 모음으로 끝나야 한다.

‣ 선택 조건

① 합성어 뒷말의 첫소리가 된소리로 나야 한다.
② 합성어 뒷말의 첫소리 'ㄴ, ㅁ' 앞에서 'ㄴ' 소리가 덧나야 한다.
③ 합성어 뒷말의 첫소리 모음 앞에서 'ㄴㄴ' 소리가 덧나야 한다.

결국, 필수 조건 세 가지를 모두 만족하는 환경에서 선택 조건 ①~③ 중 어느 하나에 해당할 때, 사이시옷을 받치어 적으면 된다.

2) 필수 조건을 만족하는 경우

예제8　① '{해님/햇님}과 달님'은 전래 동화이다.
　　　　　② 횟집의 생선 가격은 {시가/싯가}로 표시된다.

‘예제8’의 ①은 ‘햇님과 달님’ 또는 ‘해님과 달님’ 중 어느 표기가 맞는 것일까? 먼저, 사이시옷을 표기할 필수 조건인 합성어인지를 파악해야 한다. 그런데 이는 명사 ‘해’와 접미사 ‘-님’이 결합한 파생어이기에 사이시옷의 필수 조건을 만족하지 않는다. 따라서 ‘해님’이 바른 표기이다.

---

50)　필수 조건 1과 2를 동시에 만족시키는 경우는 ‘고유어+고유어’, ‘고유어+한자어’, ‘한자어+고유어’일 때이다.

'예제8'의 ②는 사이시옷 표기의 첫 번째 필수 조건인 합성어에 해당한다. 그러나 두 번째 조건인 '고유어'가 존재하지 않는다.[51] 따라서 '싯가'가 아닌 '시가'가 바른 표기이다.

'예제8'이 사이시옷 표기의 필수 조건을 만족하지 않아 사이시옷을 표기하지 못하는 반면 다음의 경우는 그 조건[52]을 모두 만족하고 있다.

- 고유어+고유어: 나무+가지, 아래+마을, 뒤+일, 나무+잎 등
- 고유어+한자어: 귀+병, 아래+방, 자리+세, 차+잔, 터+세, 해+수 등
- 한자어+고유어: 계+날, 퇴+마루, 후+날, 가외+일, 예사+일, 후+일 등

3) 선택 조건을 만족하는 경우

예제9
① 오늘 점심은 {만두국/만둣국}이다.
② {머리말/머릿말}은 책의 내용이나 목적을 짧게 적은 글이다.
③ '개인의 사사로운 일'을 뜻하는 단어는 {사사일/사삿일}이다.

'예제9'의 ①은 사이시옷 표기의 필수 조건을 모두 만족한다. 모음으로 끝나는 한자어 명사 '만두(饅頭)'와 고유어 명사 '국'이 결합하였기 때문이다. 다음은 세 가지 선택 조건에 해당하는지를 따져야 하는데, 뒷말의 첫소리가 된소리 [만둔꾹/만두꾹]으로 발음 나기에 '만둣국'으로 표기[53]하는 것이 옳다. 한편, 다음의 사항은 주의해야 한다.

▶ 갈비 + 뼈 → [갈비뼈]: 갈비뼈

▶ 뒤 + 풀이 → [뒤:푸리]: 뒤풀이

▶ 피자 + 집 → [피자찝]: 피자집

첫째, 뒷말의 첫소리가 원래부터 된소리[54]이거나 거센소리인 경우에는 사이시옷 표기 규정이 적용되지 않는다.

---

51) '시가'는 한자어 '市'와 '價'가 합성한 단어이다.
52) 사이시옷은 앞말의 받침에 표기하는 것이다. 따라서 사이시옷 표기는 앞말이 모음으로 끝나는 경우에만 표기할 수 있는 것이다.
53) '북엇국', '순댓국', '김칫국' 등도 뒷말의 첫소리가 된소리로 발음된다.
54) 사이시옷의 선택 조건 ① '뒷말의 첫소리가 된소리로 나는 경우'란, 원래부터 된소리가 아닌 음이 된소리로 발음 난다는 의미이다.

둘째, 사이시옷 표기 현상은 우리말에만 존재하는 규칙이므로, 외래어 또는 외국어가 포함되는 경우 표기에 반영하지 않는다. 한자어끼리 결합하는 합성어 역시 후술할 6개 단어를 제외하고는 적용하지 않는 것과 같다.

'예제9'의 ②역시 모음으로 끝나는 고유어 명사 '머리'와 고유어 명사 '말'의 합성어로서 사이시옷 표기의 필수 조건을 만족한다. 뒷말의 특성상 선택 조건 ②에 부합하는지를 따져 표기를 결정해야 한다.

위에 따르면, '머리'와 '말'의 합성어 발음이 무엇인가에 따라 표기가 달라질 수 있다. 이의 표준 발음은 [머리말]로, 선택 조건 ②를 만족시키지 못한다. '인사말[인사말]', '예사말[예사말]' 등도 이러한 예에 해당한다.

'예제9'의 ③은 모음으로 끝나는 한자어 명사 '사사(私事)'와 고유어 명사 '일'의 합성어이다. 이는 모음으로 시작하는 뒷말의 특성상 선택 조건 ③에 부합하는지를 따져야 한다.

4) 사이시옷 표기의 예외

예제10 ① {초점/촛점}은 {초점/촛점}의 비표준어이다.
　　　　　② 한자어 '수(數)'와 '자(字)'의 합성어는 {숫자/수자}이다.

'예제10'의 ①과 ②는 사이시옷을 표기할 필수 조건에 해당하지 않는다. 한자어 '焦'와 '點', '數'와 '字'의 결합으로 고유어를 포함하지 않기 때문이다.

그러나 ①은 '초점', ②는 '숫자'로 표기해야 한다. 동일한 환경임에도 불구하고 표기가 다른 이유는 무엇일까? 그 이유는 한자어끼리 결합한 합성어일지라도 사이시옷의 표기를 예외적으로 인정하는 경우가 있기 때문이다.

| 곳간(庫間) | 셋방(貰房) | 숫자(數字) |
| 찻간(車間) | 툇간(退間) | 횟수(回數) |

'셋방'을 표준어로 인정한다고 해서 '전세방'을 '전셋방'으로 표기해서는 안 된다. 이는 한자어 '전세(傳世)'와 '방(房)'이 결합한 구조이기 때문이다.

2.5. 제5절 준말

제5절은 '준말'에 대한 표기 규정으로, 제32항~제40항으로 구성되어 있다. '준말'은 '본말'(본딧말)의 대립어로 단어의 음절수가 줄어든 말을 의미한다.

2.5.1. 제32항~제33항 규정

제32항 단어의 끝 모음이 줄어지고 자음만 남은 것은 그 앞의 음절에 받침으로 적는다.
예 어제그제 → 엊그제, 가지고 → 갖고, 디디고 → 딛고 등

제33항 체언과 조사가 어울려 줄어지는 경우에는 준 대로 적는다.
예 그것은 → 그건, 나는 → 난, 너를 → 널, 무엇을 → 뭣을/무얼/뭘 등

2.5.2. 제34항~제38항 규정

제34항 모음 'ㅏ, ㅓ'로 끝난 어간에 '-아/-어', '-았-/-었-'이 어울릴 적에는 준 대로 적는다.

본말	준말	본말	준말
가아	가	가았다	갔다
켜어	켜	켜었다	켰다

[붙임 1] 'ㅐ, ㅔ' 뒤에 '-어, -었-'이 어울려 줄 적에는 준 대로 적는다.

본말	준말	본말	준말
개어	개	개었다	갰다
베어	베	베었다	벴다

본말	준말	본말	준말
하여	해	하였다	했다
흔하여	흔해	흔하였다	흔했다

제34항은 동일한 모음{'ㅏ, ㅓ'+'-아(-았-)/-어(-었-)'}이 연속할 때, 'ㅏ, ㅓ'가 줄어든 형태로 적어야 함을 뜻한다. 즉 '가아, 가았다' 대신 '가, 갔다'로 표기해야 한다. 그러나 'ㅅ' 불규칙 용언에서는 'ㅏ, ㅓ'가 줄어들지 않는다.

▸ '낫-' + '-아/-았-' → 나아/나았다

▸ '나-' + '-아/-았-' → 나/났다

제34항 [붙임1, 2]는 'ㅐ, ㅔ'와 '-어/-었-'이 결합해 줄어들거나 '하여'가 '해'로 줄어들 경우 에는 본말과 준말 모두를 표기할 수 있다는 규정이다.

제35항 모음 'ㅗ, ㅜ로 끝난 어간에 '-아/-어, -았-/-었-'이 어울려 'ㅘ/ㅝ, ㅘㅆ/ ㅝㅆ'으로 될 적에는 준 대로 적는다.

본말	준말	본말	준말
꼬아	꽈	꼬았다	꽜다
두어	둬	두었다	뒀다

[붙임 1] '놓아'가 '놔'로 줄 적에는 준 대로 적는다.[55]
[붙임 2] 'ㅚ' 뒤에 '-어, -었-'이 어울려 'ㅙ, ㅙㅆ'으로 될 적에도 준 대로 적는다.

본말	준말	본말	준말
괴어	괘	괴었다	괬다
되어	돼	되었다	됐다

---

55) '좋아'가 '좌'로 줄지 않기에 '놓아'의 예외적 현상임을 알 수 있다.

제35항 역시 본말과 준말을 모두 표기에 반영[56]할 수 있음을 나타낸다. [붙임 2]와 관련한 '되다'와 '죄다'의 표기는 다음과 같다.

▶ '되-' + '-어/-어서/-어야/-었다' → 돼/돼서/돼야/됐다

> 예 계획대로 되어(돼) 간다. 봉사를 하게 되었다(됐다).

▶ '죄-' + '-어/-어서/-어야/-었다' → 좨/좨서/좨야/좼다

> 예 나사를 죄어(좨) 본다. 풀어진 나사를 죄었다(좼다).

제36항 'ㅣ' 뒤에 '-어'가 와서 'ㅕ'로 줄 적에는 준 대로 적는다.

본말	준말	본말	준말
가지어	가져	가지었다	가졌다
막히어	막혀	막히었다	막혔다

제37항 'ㅏ, ㅕ, ㅗ, ㅜ, ㅡ'로 끝난 어간에 '-이-'가 와서 각각 'ㅐ, ㅖ, ㅚ, ㅟ, ㅢ'로 줄 적에는 준 대로 적는다.

본말	준말	본말	준말
싸이다	쌔다	누이다	뉘다
펴이다	폐다	뜨이다	띄다
보이다	뵈다	쓰이다	씌다

제38항 'ㅏ, ㅗ, ㅜ, ㅡ' 뒤에 '-이어'가 어울려 줄어질 적에는 준 대로 적는다.

본말	준말	본말	준말
싸이어	쌔어 싸여	누이어	뉘어 누여
보이어	뵈어 보여	뜨이어	띄어
쏘이어	쐬어 쏘여	쓰이어	씌어 쓰여

제37항의 '뜨이다'는 '(눈을) 뜨다'의 피동사로, "감았던 눈이 벌려지다. 눈에 보이다."의 의미이다. 따라서 '뜨이+어'는 '띄어, 뜨여'로 줄어들 수 있다.

---

56) '오다'는 어미 '-아'가 결합하여, 항상 '와, 와서, 와라, 왔다'처럼 준말로만 표기한다.

제38항의 '뜨이+어→띄어'는 '띄우다'('뜨다'의 사동사)의 준말로, "간격이 벌어지다"는 의미이다. 따라서 "책상 사이를 띄워라/띄어라."처럼 '띄다'와 '띄우다'를 모두 사용할 수 있다. '띄어쓰기'도 이와 관련한 표기이다.

한편, '띄다'와 '띠다'는 발음이 같아 표기에 혼란이 많다. 먼저 '예제11'의 올바른 표기에 대해 알아보기로 하자.

예제11 ① 안전을 위해 앞뒤의 간격을 좀 {띄자/띠자}.
② 그녀는 얼굴에 미소를 {띄며/띠며} 웃고 있다.

'예제11'은 '띄다'와 '띠다'의 의미 차이를 고려하여 구분해 사용해야 한다. '(눈에) 보이다', '간격을 벌리다'의 의미를 지닌 '띄다'와 달리 '띠다'는 다음과 같은 의미 구조(표준국어대사전)를 지니고 있다.

동사
Ⅰ「…에 …을」
 1. 띠나 끈 따위를 두르다.
  ¶ 치마가 흘러내리지 않게 허리에 띠를 <u>띠다</u>.

Ⅱ「…을」
 1. 물건을 몸에 지니다.
  ¶ 추천서를 <u>띠고</u> 회사를 찾아가라.
 2. 용무나, 직책, 사명 따위를 지니다.
  ¶ 중대한 임무를 <u>띠다</u>.
 3. 빛깔이나 색채 따위를 가지다.
  ¶ 붉은빛을 <u>띤</u> 장미.
 4. 감정이나 기운 따위를 나타내다.
  ¶ 노기를 <u>띤</u> 얼굴.
 5. 어떤 성질을 가지다.
  ¶ 보수적 성격을 <u>띠다</u>.

'예제11'의 ①은 앞뒤의 줄 간격을 벌린다는 문장이므로, '띄다'의 활용형인 '띄자'로 표기해야 한다. 이 문장에서는 '띄우자'를 사용할 수도 있다.

'예제11'의 ②는 미소를 지니는 얼굴을 나타내는 문장이므로, '띠다'4의 활용형인 '띠며'로 표기해야 한다. 이 문장에서는 '띄우며'를 사용할 수 없다.

2.5.3. 제39항~제40항 규정

> **제39항** 어미 '-지' 뒤에 '않-'이 어울려 '-잖-'이 될 적과 '-하지' 뒤에 '않-'이 어울려 '-찮-'이 될 적에는 준 대로 적는다.

본말	준말	본말	준말
그렇지 않은	그렇잖은	만만하지 않다	만만찮다
적지 않은	적잖은	변변하지 않다	변변찮다

제39항은 앞선 용언의 '하-'의 결합 여부에 따라 '-잖-'과 '-찮-'으로 줄여 표기한다는 점을 기억하면 된다.

> **제40항** 어간의 끝음절 '하'의 'ㅏ'가 줄고 'ㅎ'이 다음 음절의 첫소리와 어울려 거센소리로 될 적에는 거센소리로 적는다.

본말	준말	본말	준말
간편하게	간편케	정결하다	정결타
무심하지	무심치	무능하다	무능타
연구하도록	연구토록	가하다	가타

[붙임 1] 'ㅎ'이 어간의 끝소리로 굳어진 것은 받침으로 적는다.
[붙임 2] 어간의 끝음절 '하'가 아주 줄 적에는 준 대로 적는다.
[붙임 3] 다음과 같은 부사는 소리대로 적는다.

결단코	결코	기필코	무심코	아무튼	요컨대
정녕코	필연코	하마터면	하여튼	한사코	

제40항은 어간의 끝음절 '하'의 줄어드는 방식을 이해해야 한다. 제40항의 본문과 [붙임 2]의 내용에서 '하'가 두 가지 방식으로 줄어듦을 알 수 있다.

본문
하: 'ㅏ'만 탈락 → ㅎ
예 간편하게 → 간편ㅎ게 → 간편케

본문
하: '하' 전체 탈락
예 거북하지 → 거북지

그렇다면 어간의 끝음절 '하'가 거센소리로 소리 나는 경우와 음절 전체가 탈락하는 음운론적 환경은 무엇일까? 다음과 같다.

본문(울림소리 받침＋하 > ㅎ)
간편하게, 정결하다, 무심하지, 무능하다, 연구하도록, 가하다 등

[붙임2](안울림소리 받침＋하)
거북하지, 생각하건대, 깨끗하지 않다, 답답하지 않다 등

제40항에서 특히 주의해야 할 표기는 [붙임2]이다. 대다수의 언중들이 [붙임2]에 해당하는 용례를 거센소리로 발음해 거센소리로 표기하기 때문이다. 따라서 어간 끝음절 '하'는 울림소리에 해당하는 받침 뒤에서만 거센소리 발음과 표기를 인정한다는 것을 기억해야 한다.

예제12 ① 그의 성격은 {평범잖다/평범찮다}.
② 그녀의 갑작스러운 친절이 왠지 {익숙지/익숙치} 않다.

'예제12'의 ①은 제39항에 따라 '평범찮다'로 줄어든다. 이는 원래 '평범하지 않다'의 구성으로 '-하지＋않-'이 '찮'으로 줄기 때문이다.

'예제12'의 ②는 제40항에 따라 '익숙지'로 줄어든다. 이는 '익숙하지 않다'의 구성에서 받침 'ㄱ' 뒤의 '하' 전체가 탈락하기 때문이다.

3. 띄어쓰기 규정

'한글 맞춤법'의 제5장은 '띄어쓰기' 관련 규정이다. 띄어쓰기의 일반적 원칙은 '한글 맞춤법'의 제1장 '총칙' 제2항에서 이미 다룬 바 있다.

제2항	문장의 각 단어는 띄어 씀을 원칙으로 한다.

띄어쓰기의 기본 단위는 '단어'로, 독서의 능률을 높이기 위한 한 방편이다. 띄어쓰기 관련 세부 규정은 모두 4개의 하위절로 구성되어 있다. 제1절 '조사', 제2절 '의존 명사, 단위를 나타내는 명사 및 열거하는 말 등', 제3절 '보조용언', 제4절 '고유 명사 및 전문 용어'이다.

3.1. 제1절 조사

제1절은 조사 관련 띄어쓰기 규정이다. 한국어의 조사는 9품사의 하나로 단어의 자격을 지니기에 '총칙' 제2항에 따라 앞말과 띄어 써야 할 것 같다. 그러나 제41항의 규정은 다음과 같다.

제41항 조사는 그 앞말에 붙여 쓴다.			
꽃이	꽃마저	꽃밖에	꽃에서부터
어디까지나	거기도	멀리는	웃고만

제41항은 제2항의 예외 규정이다. 이는 조사가 자립적인 의미를 지니지 못하고 다른 말에 의존해서 문법적 관계를 나타내거나 특별한 의미만을 덧붙이기 때문이다. 따라서 조사는 명사, 부사뿐만 아니라 조사나 어미 뒤에서도 앞말에 붙여 쓴다.[57]

예제1	① 꽃잎이 눈 같이 떨어진다.
	② 어느덧 세월이 물과 같이 흘러갔다.

---

[57] 앞말에 붙여 쓴다는 점에서는 용언의 어미와 그 성격이 같다. 다만, 조사의 경우 체언과의 '분리성'이 존재하기에 단어의 자격을 지닌다.

'예제1'의 '같이'는 문장에서 조사와 부사의 기능을 한다. 문장 ①의 '같이'는 '앞말이 보이는 전형적인 어떤 특징처럼'의 뜻을 나타내는 조사이므로 앞말에 붙여 쓴다. 문장 ②의 '같이'는 '함께'라는 의미와 함께 '어떤 상황이나 행동 따위와 다름이 없이'라는 뜻을 지니는 부사이기에 앞말과 띄어 쓴다.

3.2. 제2절 의존 명사, 단위를 나타내는 명사 및 열거하는 말 등

제2절은 주로 '의존 명사'와 관련한 띄어쓰기 규정으로, 제42항~제46항으로 구성되어 있다. 각 항의 규정을 먼저 자세히 살핀 후, 주의해야 할 띄어쓰기에 대해 살펴보고자 한다.

3.2.1. 제42항~제46항 규정

제42항 의존 명사는 띄어 쓴다.

아는 것이 힘이다.	나도 할 수 있다.
먹을 만큼 먹어라.	아는 이를 만났다.
네가 뜻한 바를 알겠다.	그가 떠난 지가 오래다.

제42항의 '의존 명사'는 비록 자립성은 없지만 자립 명사와 동일한 기능을 하는 것으로 단어 자격을 지닌다. 따라서 앞말과 띄어 써야 한다. 다만, 그 형태가 의존 명사인지, 조사인지, 어미의 일부인지에 따라 띄어쓰기가 달라지므로 주의해야 한다. 의존 명사 구별법에 대해서는 후술(3.2.2.)하기로 한다.

제43항 단위를 나타내는 명사는 띄어 쓴다.

한 개	차 한 대	금 서 돈
소 한 마리	옷 한 벌	열 살

다만, 순서를 나타내는 경우나 숫자와 어울리어 쓰이는 경우에는 붙여 쓸 수 있다.

두시 삼십분 오초	제일과	삼학년	육층
1446년 10월 9일	제2대대	16동 502호	제1실습실

제43항은 단위를 나타내는 명사의 경우 띄어쓰기를 기본 원칙으로 하지만 순서를 나타내거나 아라비아 숫자 뒤에서는 붙여 쓸 수 있다는 허용 규정이다. 허용 규정에 대해 좀 더 자세히 살피기로 한다.

▸ **수 관형사＋단위 명사**
- 원칙: 제일 편 / 제삼 장 / 이십칠 대 / 구 사단 / 오십팔 회 / 1 연구실
- 허용: 제일편 / 제삼장 / 이십칠대 / 구사단 / 오십팔회 / 1연구실

▸ **연월일, 시각**
- 원칙: 이천십팔 년 오 월 이십 일 / 여덟 시 오십구 분
- 허용: 이천십팔년 오월 이십일 / 여덟시 오십구분

제44항 수를 적을 적에는 '만(萬)' 단위로 띄어 쓴다.[58]

십이억 삼천사백오십육만 칠천팔백구십팔 원	12억 3456만 7898

제44항에서는 '수'를 만 단위로 띄어 쓰도록 하였다. 이에 따라 읽을 때에도 만 단위로 읽는 것이 가장 자연스럽다.

제45항 두 말을 이어 주거나 열거할 적에 쓰이는 다음의 말들은 띄어 쓴다.

국장 겸 과장	열 내지 스물	청군 대 백군	책상, 걸상 등이 있다.
이사장 및 이사들	사과, 배, 귤 등등	사과, 배 등속	부산, 광주 등지

제45항은 제42항의 띄어쓰기 규정을 따르고 있다. 다만, '내지'는 '혹은, 또는'의 의미를, '및'은 '그리고, 그 밖에, 또'의 의미를 지닌 접속 부사이다.

제46항 단음절로 된 단어가 연이어 나타날 적에는 붙여 쓸 수 있다.

좀더 큰것	이말 저말	한잎 두잎

---

58) 다만, 금액을 적을 때에는 변조(變造) 등의 사고를 방지하기 위해 붙여 쓰는 것이 관례이다.
　　예 삼십일만오천육백칠십팔원정 / 일백칠십육만오천원.

제1부 한글 맞춤법

제46항은 제43항의 '다만' 규정처럼 허용 규정이다. 즉 띄어쓰기가 원칙이지만 붙여 쓰는 것도 허용한다는 것이다. 그런데 실제 언어 생활에서는 띄어쓰기의 원칙을 지킨 '그 때'보다 제46항에 따라 '그때'를 더 많이 사용한다. 특히 일 음절의 단어가 여럿이 연속해서 나올 때 단어별로 띄어 쓰면 오히려 의미파악이 더 힘들어진다.

- 원칙: 좀 더 큰 이 새 차 / 내 것 네 것 / 물 한 병
- 허용: 좀더 큰 이 새차 / 내것 네것 / 물 한병[59]

3.2.2. 주의해야 할 띄어쓰기

지금까지 '조사'(제41항), '의존 명사'(제42항)와 관련한 띄어쓰기에 대해 살펴보았다. '조사는 앞말에 붙이고, 의존 명사는 앞말과 띄어 쓴다'는 아주 단순한 규정이다. 그런데 동일한 형태가 의존 명사로 쓰이기도 하고, 조사 또는 어미의 일부로 쓰이는 경우가 있어 띄어쓰기에 어려움이 많다. 먼저, 해당 언어 형태가 의존 명사로 기능하는지를 살펴야 한다. 국립국어원(2012:62)[60]에 따르면 의존 명사를 확인하는 방법은 다음과 같다.

의존 명사를 확인하는 방법은 무엇일까?

가) 그 자리에 다른 명사를 대치할 수 있나?
   점심 먹는 데 15~30분이 걸린다. → 점심 먹는 일(○)
   술도 고기도 내가 더 먹는데, 아내만 왜? → 더 먹는 일(×)

나) 뒤에 격조사가 결합할 수 있나?
   점심 먹는 데 15~30분이 걸린다. → 점심 먹는 데에(○)
   술도 고기도 내가 더 먹는데, 아내만 왜? → 더 먹는데에(×)

의존 명사 구별법을 염두에 두고 주의가 필요한 띄어쓰기의 대표적인 사례를 살펴보자.

---

59) '좀더큰 이새차', '내것네것', '물한병'과 같이 세 개 이상의 음절을 과도하게 붙여 쓰는 것까지 허용하지는 않는다. 또한 '물한 병'처럼 의미 단위를 고려하지 않은 붙여 쓰기 또한 허용하지 않는다.

60) 이관규 외, 『차곡차곡 익히는 우리말 우리글』, 박이정, 2012.

1) '밖' / '대로' / '만'(만큼) / '분' 등 – 조사와의 구별

예제 2　① 시험에서 예상 밖의 좋은 점수를 받았다.
　　　　　 ② 이 세상에서 나를 알아주는 사람은 너 밖에 없다.

　'예제2'는 명사 '밖'과 조사 '밖에'를 구별해 띄어쓰기해야 한다. 먼저 '밖'은 '일정한 한도나 범위에 들지 않는 나머지 다른 부분이나 일'을 이르는 명사로 앞말과 띄어 써야 한다. 반면, '밖에'는 체언이나 명사형 어미 뒤에 붙어 '그것 말고는', '그것 이외에는'의 뜻을 지니는 조사이기에 앞말에 붙여 쓴다.[61]

예제 3　① 그 일에 대해 아는 대로 설명하다.
　　　　　 ② 너는 너 대로 나는 나 대로 서로 갈 길을 가자.

　'예제3'은 의존 명사 '대로'와 조사 '대로'를 구별해 띄어쓰기해야 한다. 먼저 '대로'가 '본, 느낀, 그린, 들은, 시키는, 흘러가는' 등과 같이 용언의 관형사형 뒤에서 '어떤 모양이나 상태와 같이'란 뜻을 나타내는 경우는 의존 명사이므로 띄어 쓴다. 그러나 '대로'가 '법, 사실, 추측' 등과 같이 체언 뒤에 붙어 앞에 오는 말에 근거하거나 달라짐이 없음을 나타내거나 따로따로 구별됨을 나타내는 경우에는 조사이므로 붙여 쓴다.

예제 4　① 하루 종일 일 만 했더니 너무 피곤하다.
　　　　　 ② 나는 그녀를 대학 졸업 후 십 년 만에 만났다.

　'예제4'는 '만'이 체언에 붙어 '한정' 또는 '비교'의 뜻을 나타내는 조사로 기능할 때와 '시간의 경과'를 나타내는 의존 명사로 기능할 때를 구별해 띄어 써야 한다. 따라서 '예제3' ①의 '만'은 조사이기에 '일만'처럼 앞말에 붙여 써야 하고, ②는 의존 명사로 앞말과 띄어 쓰는 것이 맞다.

---

61)　앞말에 붙여 쓰는 조사 '밖에'는 부정을 나타내는 말과 어울린다.

| 예제 5 | ① 나도 너 만큼 운동을 잘해. |
| | ② 최선을 다 한 만큼 결과를 받아들이자. |

'예제5' ①의 '만큼'은 체언에 붙어 '그런 정도로'의 의미를 나타내는 조사이기에 '너만큼'처럼 앞말에 붙여 써야 한다. 그러나 '예제5' ②의 '만큼'은 용언의 관형사형 뒤에 붙은 의존 명사이기에 앞말과 띄어 써야 한다.

| 예제 6 | ① 학교에 온 사람은 우리 뿐이다. |
| | ② 그는 웃고 있을 뿐 아무 말이 없다. |

'예제6' ①의 '뿐'은 체언 뒤에 붙어 '한정'의 의미를 나타내는 조사이기에 '우리뿐이다'처럼 앞말에 붙여 써야 한다. 그러나 '예제6' ②의 '뿐'은 용언의 관형사형 뒤에 붙어 '오직 그렇게 하거나 그러하다'는 뜻을 나타내는 의존 명사이기에 앞말과 띄어 쓰는 것이 맞다.

2) '들' / '지' / '데' 등 – 접미사, 어미와의 구별

| 예제 7 | ① 서울 광장에 사람 들이 가득하다. |
| | ② 책상 위에 책, 공책, 볼펜, 지우개 들이 있다. |

'예제7'의 '들'은 접미사와 의존 명사로 기능한다. ①의 '들'은 체언 뒤에서 '복수'의 뜻을 더하는 접미사이기에 앞말에 붙여 써야 한다. ②의 '들'은 두 개 이상의 사물을 나열할 때, 그 열거한 사물 모두를 가리키거나, 그 밖에 같은 종류의 사물이 더 있음을 나타내는 의존 명사[62]이기에 앞말과 띄어 써야 한다.

| 예제 8 | ① 아이가 얼마나 예쁜 지 모르겠어. |
| | ② 그가 고향을 떠난 지 벌써 10년이 지났다. |

'예제8'은 어미 '-(으)ㄴ지'와 의존 명사 '지'를 구별해 띄어쓰기를 해야 한다. ①의 '-(으)ㄴ지'는 막연한 의문이 있는 채로 그것을 뒤 절의 사실이나 판단과 관련시키는 데 쓰는 연결

---

62) 제45항의 '등(等), 등등(等等), 등속(等屬), 등지(等地)'의 기능과 같다.

어미이기에 앞말에 붙여 써야 한다. 반면 ②는 '-(으)ㄴ'이 붙은 활용형에 어떤 일이 있었던 때로부터 지금까지의 '동안' 혹은 '기간'을 나타내는 의존 명사 '지'가 쓰인 문장으로 띄어 써야 한다.

예제9　① 집에서 공부하는 데 친구가 왔다.
　　　　② 이번 과제를 하는 데 일주일 이상 걸렸다.

'예제9'는 어미 '-는데'와 의존 명사 '데'를 구별해야 정확한 띄어쓰기를 할 수 있다. ①은 뒤 절의 내용과 관련한 상황을 설명하는 연결 어미 '-는데'가 쓰인 문장이기에 앞말에 붙여 써야 한다. ②는 '곳, 장소, 일, 것, 경우'의 뜻을 나타내는 의존 명사 '데'가 쓰인 문장이기에 앞말과 띄어 써야 한다.

예제10　① 사과는 껍질 째 먹는 것이 좋다.
　　　　② 그는 벽에 기대앉은 채 잠이 들었다.

'예제10'의 '째'와 '채'[63]는 각각의 의미와 기능에 따라 구별해 사용해야 한다. ①의 '째'는 일부 명사 뒤에 붙어 '그대로' 또는 '전부'의 뜻을 더하는 접미사이기에 앞말에 붙여 써야 한다. ②는 '이미 있는 상태 그대로 있다'는 뜻을 나타내는 의존 명사이기에 앞말과 띄어 쓴다.

예제11　① 시간 날 때 한 번 놀러 오세요.
　　　　② 한 번 실패했다고 포기하지 말고 다시 도전하자.

'예제11'의 '한번'이 명사[64] 또는 부사로 기능할 때는 한 단어로, 띄어 쓸 수 없다. 그러나 수관형사 '한'과 의존 명사 '번'이 결합한 구조에서는 '한(두/세) 번'과 같이 띄어 써야 한다. ①에서는 '기회 있는 어떤 때에'의 의미를 지닌 부사[65]로 기능하기에 한 단어로 붙여 쓰고, ②에서는 '일 회'의 의미를 지니고 있기에 '한 번'으로 띄어 써야 한다.

---

63) 의존 명사 '체'는 '그럴 듯하게 거짓으로 꾸미는 태도, 아는 듯 하는 시늉'의 의미로, '척'과 바꾸어 사용할 수 있다.

64) (주로 '한번은' 꼴로 쓰여) 지난 어느 때나 기회의 의미를 나타낸다.
　　예 한번은 그런 일도 있었지. / 언젠가 한번은 길에서 그 사람을 만났지.

65) '한번'이 '-어 보다' 구성과 함께 쓰여 어떤 일을 시험 삼아 시도함을 나타낼 때도 부사로 기능한다.
　　예 힘들겠지만 한번 해 봐. 제가 한번 해 보겠습니다. 심심한데 노래나 한번 불러 볼까?

예제12　① 우리 팀이 삼 대 일로 승리했다.
　　　　　② 국어에서 글자는 소리에 일 대 일로 대응된다.

'예제12'의 '대(對)'는 두 말을 이어 주거나 열거할 적에 쓰이는 의존 명사이다. 따라서 '청군 대 백군', '민주주의 대 공산주의'처럼 앞뒤를 모두 띄고, 운동 경기에서 점수를 나타낼 때도 ①과 같이 앞뒤 모두 띄어 쓴다. 그러나 ②처럼 양쪽이 같은 비율이나 같은 권리로 상대함 또는 한 사람이 한 사람을 상대함을 뜻하는 '일대일'은 독립적인 한 단어로 띄어 써서는 안 된다.

3.3. 제3절 보조 용언

제3절은 보조 용언의 띄어쓰기로, 제47항에 규정되어 있다. 보조 용언은 본용언과 함께 쓰여 본용언의 서술 기능을 보충하는 역할을 한다.

- 본용언: 나는 책을 버렸다.(폐기)
- 보조 용언: 나는 책을 찢어 버렸다.(동작의 완료)

제47항　보조 용언은 띄어 씀을 원칙으로 하되, 경우에 따라 붙여 씀도 허용한다.
　　　　　(ㄱ을 원칙으로 하고, ㄴ을 허용함.)

ㄱ	ㄴ
내 힘으로 막아 낸다.	내 힘으로 막아낸다.
그릇을 깨뜨려 버렸다.	*그릇을 깨뜨려버렸다.
비가 올 듯하다.	비가 올듯하다.
그 일은 할 만하다.	그 일은 할만하다.
일이 될 법하다.	일이 될법하다.
비가 올 성싶다.	비가 올성싶다.
잘 아는 척한다.	잘 아는척한다.

제47항은 보조 용언을 하나의 단어로 인정하여 띄어 쓰는 것이 원칙임을 밝히고 있다. 다만, 붙여 쓰는 것을 허용하는 경우와 그렇지 않은 경우를 구별해야 한다.

1) 본용언에 붙여 쓰는 것을 허용하는 경우(띄어 쓰되 붙여 쓸 수 있다)

'본용언+-아/-어+보조 용언' 구성[66)]
↳ 막아 내다/막아내다, 먹어 보다/먹어보다

'관형사형+보조 용언(의존 명사+-하다/싶다)' 구성
↳ 올 듯하다/올듯하다, 아는 체하다/아는체하다

'명사형+보조 용언' 구성:
↳ 먹(었)음 직하다/먹(었)음직하다

본용언(2음절의 합성어나 파생어)+보조 용언:
↳ 나가 버렸다/나가버렸다, 빛내 준다/빛내준다, 구해 본다/구해본다, 더해 줬다/더해줬다

2) 본용언에 붙여 쓰는 것을 허용하지 않는 경우(항상 띄어 써야 한다)

'종결 어미('-(으)ㄴ가, -나, -는가, -(으)ㄹ까, -지')+보조 용언' 구성
↳ 키가 작은가 싶다.　　[○]　　　키가 작은가보다.　　[×]
↳ 그가 잠을 자나 보다.　[○]　　　그가 잠을 자나보다.　　[×]
↳ 집에 갈까 보다.　　　[○]　　　집에 갈까보자.　　　[×]

'구(句)+-아/-어 하다' 구성
↳ [먹고 싶어] 하다.　　[○]　　　먹고 싶어하다.　　　[×]
↳ [마음에 들어] 하다.　[○]　　　마음에 들어하다.　　[×]
↳ [내키지 않아] 하다.　[○]　　　내키지 않아하다.　　[×]

'본용언+조사+보조 용언' 구성
↳ 직접 먹어도 보았다.　[○]　　　직접 먹어도보았다.　　[×]

'본용언(3음절 이상의 합성어나 파생어)+보조 용언' 구성
↳ 쫓아내 버렸다.　　　[○]　　　쫓아내버렸다.　　　[×]
↳ 덤벼들어 보아라.　　[○]　　　덤벼들어보아라.　　[×]
↳ 깨뜨려 버렸다.　　　[○]　　　깨뜨려버렸다.　　　[×]

66)　'도와 드리다'의 경우, '도와주다'를 한 단어로 처리한 <표준국어대사전>에 따라 '도와드리다'로 항상 붙여서 써야 한다.

'의존 명사+조사+보조 용언' 구성
↳ 비가 올 듯도 하다.   [○]   비가 올듯도하다.   [×]

3) 앞말에 붙여 쓰는 경우(항상 앞말에 붙여 써야 한다)

'-아/-어 지다', '-아/-어 하다' 구성
↳ 낙서를 지운다. → 낙서가 지워진다. [○]   낙서가 지워 진다. [×]
↳ 아기가 예쁘다. → 아기를 예뻐하다. [○]   아기를 예뻐 하다. [×]

4) 보조 용언이 거듭 나타나는 경우

'본용언+보조 용언+보조 용언' 구성
↳ 적어 둘 만하다. → 적어둘 만하다. [○] / 적어둘만하다. [×]
↳ 읽어 볼 만하다. → 읽어볼 만하다. [○] / 읽어볼만하다. [×]

한편, "버리지 말아 주세요."는 이 규정을 따르지 않는다. 즉, '말다'와 '주다'의 두 개의 보조 용언 중 앞의 보조 용언을 앞말에 붙여 쓸 수 있다고 생각하기 쉽다. 그런데 '-지 말다' 구성의 '말다'는 붙여 적는 것이 허용되지 않는다. 따라서 항상 "버리지 말아 주세요."와 같이 각각의 단어를 띄어 적어야 한다.

3.4. 제4절 고유 명사 및 전문 용어

제4절은 고유 명사 및 전문 용어의 띄어쓰기와 관련하여, 제48항~제50항으로 이루어져 있다.

제48항 성과 이름, 성과 호 등은 붙여 쓰고, 이에 덧붙는 호칭어, 관직명 등은 띄어 쓴다.		
김양수(金良洙)	서화담(徐花潭)	채영신 씨
최치원 선생	박동식 박사	충무공 이순신 장군

다만, 성과 이름, 성과 호를 분명히 구분할 필요가 있을 경우에는 띄어 쓸 수 있다.

남궁억/남궁 억	황보지봉(皇甫芝峯) / 황보 지봉

과거 한때, 성(姓)과 이름을 독립적인 단어로 인식해 띄어 쓴 적이 있었다. 그러나 현행 맞춤법에서는 성과 이름을 합쳐서 한 개인을 가리키는 것으로 보아 붙여 쓰게 하고 있다.

예제13 ① 우리 사장 님은 성격이 밝다.
② 민원인 호칭 개선 방안에 따라 홍길동 님으로 부르기로 했다.

'예제13'의 '님'은 높임의 뜻을 나타내는 접미사 또는 의존 명사로 기능한다. ①의 '님'은 직위나 신분을 나타내는 일부 명사 뒤에 붙는 접미사로, 앞말에 붙여 쓰는 반면 ②의 '님'은 사람의 성이나 이름 다음에 붙는 의존 명사이기에 앞말과 띄어 쓴다.

제49항 성명 이외의 고유 명사는 단어별로 띄어 씀을 원칙으로 하되, 단위별로 띄어 쓸 수 있다.
(ㄱ을 원칙으로 하고, ㄴ을 허용함.)

ㄱ	ㄴ
대한 중학교	대한중학교
한국 대학교 사범 대학	한국대학교 사범대학

그러나 고유 명사 가운데는 둘 이상의 단어로 이루어졌어도 띄어 쓸 수 없는 경우가 있다. 예를 들어 산 이름, 강 이름, 산맥 이름, 평야 이름, 고원 이름[67] 등은 굳어진 지명이므로 띄어 쓰지 않는다. 이들은 합성어로서 하나의 단어로 굳어진 것이다.

제50항 전문 용어[68]는 단어별로 띄어 씀을 원칙으로 하되, 붙여 쓸 수 있다.
(ㄱ을 원칙으로 하고, ㄴ을 허용함.)

ㄱ	ㄴ
만성 골수성 백혈병	만성골수성백혈병
중거리 탄도 유도탄	중거리탄도유도탄

---

67) '북한산, 에베레스트산, 영산강, 미시시피강, 소백산맥, 알프스산맥, 나주평야, 화베이평야, 개마고원, 티베트고원' 등이 있다.
68) 전문 용어는 둘 이상의 단어로 이루어져 전문적인 내용을 담고 있기에 의미를 쉽게 파악하기 위해 띄어 쓰는 것을 원칙으로 하고 편의상 붙여 쓸 수 있게 하였다.

4. 그 밖의 표기 규정

'한글 맞춤법'의 제6장은 '그 밖의 것'으로, 맞춤법의 체계와 관련된 사항이라기보다는 혼란이 많은 개별 형태의 표기 등을 다루고 있다. 제6장은 하위절의 구분 없이 제51항~제57항으로 구성되어 있다.

4.1. 부사 파생 접미사 '-이'와 '-히'

형용사의 어간이나 반복되는 명사 따위에 붙어 부사를 만들어 주는 파생 접미사 '-이', '-히'와 관련한 표기 규정은 다음과 같다.

제51항 부사의 끝음절이 분명히 '이'로만 나는 것은 '-이'로 적고, '히'로만 나거나 '이'나 '히'로 나는 것은 '-히'로 적는다.

1. '이'로만 나는 것

가붓이	깨끗이	나붓이	느긋이	둥긋이
따뜻이	반듯이	버젓이	산뜻이	의젓이
가까이	고이	날카로이	대수로이	번거로이
많이	적이	헛되이		
겹겹이	번번이	일일이	집집이	틈틈이

2. '히'로만 나는 것

극히	급히	딱히	속히	작히
족히	특히	엄격히	정확히	

3. '이, 히'로 나는 것

솔직히	가만히	간편히	나른히	무단히
각별히	소홀히	쓸쓸히	정결히	과감히
꼼꼼히	심히	열심히	급급히	답답히
섭섭히	공평히	능히	당당히	분명히
상당히	조용히	간소히	고요히	도저히

접미사 '-이'와 '-히'는 이미 제19항과 제25항에서 한번 언급한 바가 있다. 제19항과 제25항이 '-이', '-히'와 결합하는 앞말의 표기법(어간이나 어근의 원형을 밝혀 적음)을 다루었다면 제51항은 이들 파생 부사의 끝 음절을 어떻게 구별하여 적는가를 규정하고 있다.

제51항에서 '-이'와 '-히'로 끝나는 부사를 구분하는 방법은 오직 '발음'뿐이다. 그런데 발음이란 개개인의 발음 습관에 따라 다르게 인식될 소지가 많아 이것만으로 '-이'와 '-히'의 표기를 구별하기란 쉽지 않다. 따라서 형태론적 기준에서 이들 표기를 구분하는 간단한 방법은 다음과 같다.

1) '-하다'가 붙는 어근[69]의 끝소리가 'ㅅ'인 경우: '-이'

> 깨끗하다: 깨끗이,　느긋하다: 느긋이,　반듯하다: 반듯이,　의젓하다: 의젓이

2) 'ㅂ' 불규칙 용언의 어간: '-이'

> 가깝다: 가까이,　곱다: 고이,　날카롭다: 날카로이,　대수롭다: 대수로이

3) 첩어 또는 준첩어 명사: '-이'

> 겹겹: 겹겹이,　번번: 번번이,　일일: 일일이,　집집: 집집이,　틈틈: 틈틈이

4) 홀로 쓰이는 부사 뒤: '-이'[70]

> 더욱: 더욱이,　곰곰: 곰곰이,　생긋: 생긋이,　오똑: 오똑이,　간간: 간간이

---

69) '-하다'가 결합하는 어근('ㅅ' 받침 제외)의 경우, '이, 히'로 소리 나는 단어에 해당되어 '히'로 적는다.
70) '꼼꼼히, 시시콜콜히'는 예외에 해당한다.

4.2. 한자어의 본음과 속음

한자어가 지니는 본래의 음을 '본음'이라 하고, 우리나라에서 관습적으로 통용되는 음을 '속음'이라 한다. 이들 음에 대한 표기 규정은 다음과 같다.

제52항 한자어에서 본음으로도 나고 속음으로도 나는 것은 각각 그 소리에 따라 적는다.

본음으로 나는 것	속음으로 나는 것
승낙(承諾)	수락(受諾), 쾌락(快諾), 허락(許諾)
만난(萬難)	곤란(困難), 논란(論難)
안녕(安寧)	의령(宜寧), 회령(會寧)
분노(忿怒)	대로(大怒), 희로애락(喜怒愛樂)
토론(討論)	의논(議論)
오륙십(五六十)	오뉴월, 유월(六月)
목재(木材)	모과(木瓜)
십일(十日)	시방정토(十方淨土), 시왕(十王), 시월(十月)
팔일(八日)	초파일(初八日)

제52항에서는 한자어의 본음은 물론이고, 속음으로 나는 발음도 모두 표준어로 규정하고 있다. 아래의 한자어도 이에 속한다.

- 宅 → 댁내(宅內): 자택(自宅)
- 丹 → 모란(牡丹): 단심(丹心)
- 提 → 보리(菩提): 제공(提供)
- 場 → 도량(道場): 도장(道場)
- 布 → 보시(布施): 공포(公布)
- 洞 → 통찰(洞察): 동굴(洞窟)
- 糖 → 사탕(砂糖): 당분(糖分)

4.3. '-(으)ㄹ'로 시작하는 어미

한국어의 된소리되기 현상 중에는 '-(으)ㄹ' 뒤의 예사소리를 된소리로 발음하는 경우가 있다. 다음은 '-(으)ㄹ'과 어울려 된소리로 발음 나는 어미에 대한 표기 규정이다.

제53항 다음과 같은 어미는 예사소리로 적는다.(ㄱ을 취하고, ㄴ을 버림.)

ㄱ	ㄴ	ㄱ	ㄴ
-(으)ㄹ거나	-(으)ㄹ꺼나	-(으)ㄹ지니라	-(으)ㄹ찌니라
-(으)ㄹ걸	-(으)ㄹ껄	-(으)ㄹ지라도	-(으)ㄹ찌라도
-(으)ㄹ게	-(으)ㄹ께	-(으)ㄹ지어다	-(으)ㄹ찌어다
-(으)ㄹ세	-(으)ㄹ쎄	-(으)ㄹ지언정	-(으)ㄹ찌언정
-(으)ㄹ세라	-(으)ㄹ쎄라	-(으)ㄹ진대	-(으)ㄹ찐대
-(으)ㄹ수록	-(으)ㄹ쑤록	-(으)ㄹ진저	-(으)ㄹ찐저
-(으)ㄹ시	-(으)ㄹ씨	-올시다	-올씨다
-(으)ㄹ지	-(으)ㄹ찌		

제53항은 '-(으)ㄹ'과 결합하여 된소리로 발음 나는 어미들을 예사소리로 적도록 규정하였다. 왜냐하면 이러한 환경에서의 된소리 발음은 규칙적인 현상이기에 된소리 표기를 허용하지 않는다. 결국, 원형을 밝혀 적도록 하고 있다.

다만, 'ㄹ'로 시작하는 의문형 어미들은 반드시 된소리로 적어야 한다.[71] 이들의 원형이 된소리 형태이기 때문이다.

4.4. 된소리 표기의 접미사

일부 접미사 중에는 된소리 표기로 통일하여 적는 경우가 있고, 예사소리와 된소리의 표기를 구별해 사용하는 경우가 있다.

---

71) '-(으)ㄹ까?, -(으)ㄹ꼬?, -(스)ㅂ니까?, -(으)ㄹ까?, -(으)쏘냐?' 등이 있다.

제54항 다음과 같은 접미사는 된소리로 적는다.(ㄱ을 취하고 ㄴ을 버림.)

ㄱ	ㄴ	ㄱ	ㄴ
심부름꾼	심부름군	뒤꿈치	뒷굼치
지게꾼	지겟군	팔꿈치	팔굼치
때깔	땟갈	이마빼기	이맛배기
성깔	성갈	코빼기	콧배기
귀때기	귓대기	객쩍다	객적다
볼때기	볼대기	겸연쩍다	겸연적다

제54항은 된소리로 표기하는 접미사, 즉 '-꾼, -깔, -때기, -꿈치, -빼기, -쩍다'가 결합한 용례를 제시하고 있다.

접미사 '-꾼'은 '어떤 일을 전문적으로 하는 사람' 또는 '어떤 일을 습관적으로 하는 사람'의 뜻을 더한다.[72] '-깔'은 '상태' 또는 '바탕'의 뜻을 더하며, '-때기'는 '비하'의 뜻을 더한다. 한편, '-꿈치'[73]는 생산성은 없지만 '뒤(발)-꿈치'로 분석된다는 점에서 별도 형태소의 자격을 지니고 있다.

한편, 접미사 '-빼기'는 '-배기'와 혼동될 수 있어 표기에 주의가 필요하다.

1) [배기]로 발음되는 경우: '-배기'

귀퉁-배기,   나이-배기,   육자-배기,   주정-배기,   포-배기

2) 한 형태소의 'ㄱ, ㅂ' 받침 뒤에서 [빼기]로 발음되는 경우: '-배기'

뚝배기,   학배기[잠자리의 애벌레]

---

72) '지겟군, 나뭇군, 낚싯군' 등으로 표기해서는 안 된다. '-꾼'이 접미사이기에 사이시옷이 들어갈 수 없다.

73) '-꿈치'는 <표준 국어 대사전>에 등재되어 있지 않고, <우리말샘>에는 '발꿈치와 팔꿈치 따위를 통틀어 이르는 말'의 명사로 풀이되어 있다.

3) 다른 형태소 뒤에서 [빼기]로 발음되는 경우: '-빼기'

고들-빼기,　　곱-빼기,　　언덕-빼기,　　악착-빼기,　　억척-빼기,　　이마-빼기

'뚝배기'와 '학배기'는 '한글 맞춤법' 제5항('ㄱ, ㅂ' 받침 뒤의 된소리 발음은 예사소리로 적는다)과 관련한 것으로, '배기'는 접미사가 아니다.

접미사 '-쩍다' 역시 '-적다'와 구분해 사용해야 한다. '적다(少)'의 의미가 남아 있으면 '-적다'로 적고, 그렇지 않으면 '-쩍다'로 적는다.

1) [적다]로 발음되거나, '적다(少)'의 의미가 있는 경우: '-적다'

괘다리-적다,　　딴기-적다,　　열퉁-적다,　　맛-적다(재미나 흥미가 거의 없어 싱겁다.)

2) [쩍다]로 발음되거나, '적다(少)'의 의미가 없는 경우: '-쩍다'

맥-쩍다,　　멋-쩍다,　　해망-쩍다,　　행망-쩍다,　　겸연-쩍다

4.5. 한 가지로 통일한 표기와 구분해야 할 표기

이전 규정에서 두 가지 형태로 구분하여 표기하던 것을 현행 맞춤법에서는 한 가지 형태로 구분 없이 쓰게 하였다.

제55항 두 가지로 구별하여 적던 다음 말들은 한 가지로 적는다.(ㄱ을 취하고, ㄴ을 버림.)

ㄱ	ㄴ
맞추다(입을 맞춘다. 양복을 맞춘다.)	마추다
뻗치다(다리를 뻗친다. 멀리 뻗친다.)	뼈치다

제55항에 의하면, '맞추다'(입)와 '마추다'(양복), '뻗치다'(다리)와 '뻐치다'(공간)로 구분했던 것을 '맞추다'와 '뻗치다'의 한 가지 형태로 통일해 표기하도록 하고 있다. 결국, '맞추다'와 '뻗치다'가 '마추다'와 '뻐치다'의 의미를 포함하게 된 꼴이다. '돓'과 '돌'이 오늘날 '돌'로 통

일된 것도 같은 이유이다.

한편, 발음과 형태는 비슷하지만 그 의미와 기능이 달라 조심해야 할 표기에 대한 규정이 있다.

제56항 '-더라-, -던'과 '-든지'는 다음과 같이 적는다.

1. 지난 일을 나타내는 어미는 '-더라, -던'으로 적는다.(ㄱ을 취하고, ㄴ을 버림.)

ㄱ	ㄴ
지난겨울은 몹시 춥더라.	지난겨울은 몹시 춥드라.
깊던 물이 얕아졌다.	깊든 물이 얕아졌다.

2. 물건이나 일의 내용을 가리지 아니하는 뜻을 나타내는 조사와 어미는 '(-)든지'로 적는다.
   (ㄱ을 취하고, ㄴ을 버림.)

ㄱ	ㄴ
배든지 사과든지 마음대로 먹어라.	배던지 사과던지 마음대로 먹어라.
가든지 오든지 마음대로 해라.	가던지 오던지 마음대로 해라.

제56항의 '-더라-', '-던'은 '-든지'와 전혀 다른 의미 기능을 나타내고 있다. '-더-'라는 형태소는 과거의 일을 회상하는 선어말 어미이다. 따라서 '-더라-'와 '-던'은 자신이 과거에 보고 들은 내용을 누군가에게 전달하는 문장에 쓰인다. 그에 반해 '-든지'는 "어느 것이 선택되어도 차이가 없는 둘 이상의 일을 나열함을 나타내는 보조사" 또는 "나열된 동작이나 상태, 대상들 중에서 어느 것이든 선택될 수 있음을 나타내거나 실제로 일어날 수 있는 여러 가지 중에서 어느 것이 일어나도 뒤 절의 내용이 성립하는 데 아무런 상관이 없음을 나타내는 연결 어미"로 기능한다.

예제 ① 영화가 얼마나 재미 있{든지/던지} 시간가는 줄 몰랐네.
         ② 집에 가서 밥을 먹{든지/던지} 빵을 먹{든지/던지} 해라.

'예제'의 ①은 지난 사실을 회상하여 뒤 문장의 사실과 관련시키는 문장이기에 어미 '-던지'를 사용해야 한다. 반면 ②는 나열된 동작 중 어느 것이든 선택될 수 있음을 나타내는 문장이기에 '-든지'를 사용해야 한다.

4.6. 각각 구별해야 할 표기

'한글 맞춤법'의 제57항은 발음은 같지만 그 어원이 달라 구별해 적어야 하는 단어들을 제시하고 있다.

01 | **가름 / 갈음**

❶ 사과를 세 조각으로 가르다.
❷ 강의실의 헌 책상을 새 책상으로 갈다.

❶의 '가르다'는 '쪼개거나 나누어 따로따로 되게 하다'는 의미로, '가름'으로 활용한다. 즉, '가르다'의 어간 '가르-'에 명사형 어미 '-ㅁ'이 결합한 형태이다. ❷의 '갈다'는 '이미 있는 사물을 다른 것으로 바꾸다'는 의미로, '갈음'으로 활용한다. 즉, '갈다'의 어간 '갈-'에 명사형 어미 '-음'이 결합한 형태이다. 따라서 '가름(하다)'은 '나누다, 분류하다' 등의 의미를 나타내며, '갈음(하다)'은 '바꾸다, 교체하다' 등의 의미를 나타낸다.[74]

02 | **거름 / 걸음**

❶ 밭이 걸다.
❷ 건강을 위해 걷다.

❶의 '걸다'는 '흙이나 거름 따위가 기름지고 양분이 많다'는 의미로, '거름'으로 파생된다. 즉, '걸다'의 어간 '걸-'에 명사 파생 접미사 '-음'이 붙은 형태지만 '땅이 기름지다'는 본뜻에서 멀어져 '비료'의 의미를 지니기에 원형을 밝혀 적지 않는다. ❷의 '걷다'는 '걸음'으로 파생된다. 즉, '걷다'의 어간 '걷-'에 명사 파생 접미사 '-음'이 결합하여 '걸음'이 된다.

---

74) '갈다'(날카롭게 날을 세우거나, 땅을 파서 뒤집는다.)의 명사형은 '갊'이다. '알다'의 명사형 또한 '앎'이 된다.

03 | 거치다 / 걷히다

❶ 서울에서 대전을 거쳐 부산으로 가다.
❷ 불우 이웃을 돕기 위해 성금이나 물건을 걷다.

❶의 '거치다'는 '오가는 도중에 어디를 지나거나 들르다'란 뜻을 갖는다. ❷의 '걷다⁴'는 '여러 사람에게서 돈이나 물건 따위를 거두다'란 뜻의 준말이다. 따라서 '걷히다'는 '걷다'의 어간 '걷-'에 피동 접미사 '-히'가 붙어서 이루어진 형태이다.[75]

04 | 걷잡다 / 겉잡다

❶ 산불이 걷잡을 수 없이 번져 나갔다.
❷ 광화문에 모인 인원은 겉잡아 삼만 명은 넘어 보인다.

❶의 '걷잡다'는 '거두어 붙잡다' 또는 '마음을 진정하거나 억제하다'란 뜻으로, 본디 'ㄷ' 받침을 지닌 단어이다. ❷의 '겉잡다'는 '겉으로 보고 대강 짐작하여 헤아리다'란 뜻을 가진다.

05 | 그러므로 / 그럼으로

❶ 철수는 부지런하다. 그러므로 부자가 되었다.
❷ 철수는 열심히 공부한다. 그럼으로(써) 효도한다.

❶의 '그러므로'는 '그렇다', '그러다'의 어간 뒤에 까닭이나 이유를 나타내는 어미 '-므로'가 결합한 것이다. 문맥에서는 '그러니까, 그렇기 때문에, 그러하기 때문에, 그리하기 때문에'라는 뜻으로 해석할 수 있다. 그러나 ❷의 '그럼으로'는 '그러다'의 명사형 '그럼'에 조사 '-으로'가 결합한 것으로 '그렇게 하는 것으로써'라는 수단, 방법의 의미를 나타낸다.

---

75) '걷히다'는 '걷다'(구름이나 안개 따위가 흩어져 없어지다, 비가 그치고 맑게 개다)과 '걷다³'(늘어진 것이 말아 올려지다, 널거나 깐 것이 다른 곳으로 치워지다)의 피동형이기도 하다.

❶ 그는 노름으로 전 재산을 날렸다.
❷ '신선놀음에 도낏자루 썩는 줄 모른다.'[76)]는 속담이 있다.

❶의 '노름'과 ❷의 '놀음'은 '놀이나 재미있는 일을 하며 즐겁게 지내다'는 '놀다'의 어간 '놀-'에 명사 파생 접미사 '-음'이 결합한 구조이다. '노름'은 '놀다'라는 본뜻에서 멀어졌기에 원형을 밝혀 적지 않는다. 그러나 '놀음'은 원래 어간의 의미가 살아 있으므로 각각의 원형을 밝혀 적는 것이다.

07 | 느리다 / 늘이다 / 늘리다

❶ 거북이는 느리다.
❷ 바지 길이를 늘이다.
❸ 주문이 밀려 생산량을 늘리다.

❶의 '느리다'는 '어떤 동작을 하는 데 걸리는 시간이 길다'는 뜻을 지닌 말이다. ❷, ❸의 '늘이다'와 '늘리다'는 '늘다'의 사동형이라는 점에서 같다. '늘이다'는 '본디보다 더 길게 하다', '아래로 처지게 하다'는 의미를 지니는 반면 '늘리다'는 '물체의 넓이, 부피 따위가 본디보다 커지다', '수나 분량, 시간 따위가 본디보다 많아지다', '힘이나 기운, 세력 따위가 이전보다 큰 상태가 되다'는 의미를 지닌다.[77)]

08 | 다리다 / 달이다

❶ 다리미로 옷을 다리다.
❷ 한약재를 약탕기에 넣고 달이다.

---

76) 재미있는 일에 정신이 팔려서 시간 가는 줄 모른다는 비유적 표현이다.
77) '고무줄, 시곗줄' 등은 '늘이다', '수명, 예산, 체중' 등은 '늘리다'를 쓴다.

❶의 '다리다'는 주름이나 구김을 펴기 위해 '다림질을 하다'는 뜻이다. ❷의 '달이다'는 '약재 따위에 물을 부어 우러나도록 끓이다' 또는 '액체 따위를 끓여서 진하게 만들다'는 뜻이다.

---

09 | 다치다 / 닫히다 / 닫치다

❶ 다리를 다치다.
❷ 바람에 문이 닫히다.
❸ 화가 나서 문을 힘껏 닫치다.

❶의 '다치다'는 '부상을 입다'는 뜻이다. ❷의 '닫히다'는 '열린 문짝, 뚜껑, 서랍 따위를 도로 제자리로 가게 하여 막다'는 '닫다'의 어간 '닫-'에 피동 접미사 '-히'가 결합된 것이다. ❸의 '닫치다'는 '닫다'의 어간 '닫-'에 강세 접미사 '-치'가 붙어 '힘차게 닫다'는 의미를 갖는다.

---

10 | 마치다 / 맞히다[78]

❶ 과제를 마치다.
❷ 문제의 정답을 맞히다.

❶의 '마치다'는 '마무리하다' 또는 '끝내다'는 뜻이다. ❷의 '맞히다'는 '맞다'의 어간 '맞-'에 사동 접미사 '-히-'가 결합하여, '문제에 대한 답을 틀리지 않게 하다'는 의미를 나타낸다. 그 외에 다음의 의미 기능으로도 사용된다.

- 맞다: 침, 주사 따위로 치료를 받다. → 주사를 맞히다.
        쏘거나 던지거나 한 물체가 어떤 물체에 닿다. → 과녁을 맞히다.
- 맞다: 자연 현상에 따라 내리는 눈, 비 따위의 닿음을 받다. → 비를 맞히다.

---

78) '맞히다'와 구별이 어려운 표현 중에 '맞추다'가 있다. 많은 사람들이 '정답을 맞히다'와 '정답을 맞추다' 중 후자가 맞는 것으로 알고 있다. 그러나 '맞추다'는 '대상끼리 서로 비교한다'는 의미를 지니고 있어 '답안지를 정답과 맞추다'와 같이 사용해야 한다.

❶ 목이 붓고 아픈 병을 '목거리'라 한다.
❷ 그녀의 목에는 예쁜 목걸이가 걸려 있었다.

❶과 ❷의 공통점은 명사 '목'에 '걸-'과 '-이'가 결합한 구조라는 것이다. 이처럼 동일한 구조를 지니고 있음에도 불구하고 표기 형태가 다른 이유는 제19항과 관련이 있다. 즉, '목거리'는 '걸-'의 원래 의미가 남아 있지 않으므로 소리 나는 대로 적은 것이며, '목걸이'는 '걸-'의 의미가 지금까지 남아 있어 어원을 밝혀 적은 것이다. 형태를 밝혀 적는 '목걸이'는 '(목도리 따위) 목에 거는 물건, 또는 여자들이 목에 거는 장식품'을 이른다.

❶ 목숨을 바치다.
❷ 두 손을 머리에 받치다.
❸ 길을 가다가 자전거에 받히다.
❹ 국수를 찬 물에 씻은 후 체에 밭치다.

❶의 '바치다'와 ❹의 '밭치다'는 기본 의미를 정확히 알면 표기에 어려움이 없다. '바치다'는 '윗사람에게 물건을 드리다', '마음과 몸을 내놓다', '세금 따위를 내다'란 뜻을 지니는 단일어이다. '밭치다'는 '밭다'의 어간 '밭-'에 강세 접미사 '-치-'가 결합한 단어로, '밭다'의 사전적 의미는 다음과 같다.

  - 밭다: 건더기와 액체가 섞인 것을 체나 거르기 장치에 따라서 액체만을 따로 받아 내다.

❷의 '받치다'와 ❸의 '받히다'는 '받다'와 관련한 것으로 서로 뜻을 구별해서 써야 한다. '받치다'는 어간 '받-'에 강세 접미사 '-치-'가 결합한 형태이다. 이는 '밑을 괴다'란 의미[79]를 나타내어 다음과 같이 쓰인다.

---

79) '받침'과 '책받침'에서 '밑을 괴다'란 의미를 명확히 알 수 있다.

- 윗돌을 빼서 아랫돌을 받치다.

'받히다'는 어간 '받-'에 피동 접미사 '-히-'가 결합한 형태이다. 이는 '머리나 뿔 따위로 세차게 부딪히다', '머리나 뿔 따위에 받음을 당하다'는 의미를 나타내어 다음과 같이 쓰인다.

- 지난 주말 시골에 갔다가 소뿔에 받혀 다쳤다.

| 13 | 반드시 / 반듯이 |

❶ 숙제는 반드시 하여라.
❷ 의자에 반듯이 앉아라.

❶의 '반드시'와 ❷의 '반듯이'는 모두 부사로, 구별해서 써야 하는 말이다.[80] '반드시'는 '틀림없이, 꼭' 등의 의미를 지니는 말이며, '반듯이'는 '생각이나 행동이 비뚤어지거나 기울거나 굽지 않고 바르게'란 뜻을 지닌 말이다.

| 14 | 부딪치다 / 부딪히다 |

❶ 몸을 벽에 부딪치다.
❷ 달려오는 친구와 부딪히다.

❶의 '부딪치다'와 ❷의 '부딪히다'는 '부딪다'와 관련이 있다. 즉, '부딪치다'는 '부딪다'(무엇과 무엇이 힘 있게 마주 닿거나 마주 대다)의 어간 '부딪-'에 강세 접미사 '-치'가 결합한 말이다. 반면, '부딪히다'는 피동 접미사 '-히'가 결합한 말이다.

---

80) 한글 맞춤법에서는 "'-하다'가 붙는 어근에 '-히'나 '-이'가 붙어서 부사가 되거나, 부사에 '-이'가 붙어서 뜻을 더하는 경우에는 그 어근이나 부사의 원형을 밝히어 적는다."(제25항)고 규정한다. 따라서 '반듯'에 '-이'가 붙어 '반듯하다'는 의미가 살아 있으면 '반듯이'처럼 형태를 밝혀 적고, 그렇지 않으면 '반드시'처럼 소리 나는 대로 적어야 한다.

❶ 편지를 부치다.
❷ 편지에 우표를 붙이다.

❶의 '부치다'와 ❷의 '붙이다'는 '붙다'를 공통 어원으로 한다. '붙이다'는 '붙다'(맞닿아 떨어지지 아니하다)의 의미가 살아 있으므로 형태를 밝혀 적는다. 그러나 '부치다'는 '붙다'의 의미에서 멀어졌기 때문에 소리 나는 대로 적는 것이다. 두 단어의 용례는 다음과 같다.

부치다	붙이다
1. 힘이 부치는 일이다.	1. 우표를 붙인다.
2. 편지를 부친다.	2. 책상을 붙였다.
3. 논밭을 부친다.	3. 흥정을 붙인다.
4. 빈대떡을 부친다.	4. 불을 붙인다.
5. 식목일에 부치는 글	5. 감시원을 붙인다.
6. 회의에 부치는 안건	6. 조건을 붙인다.
7. 인쇄에 부치는 원고	7. 취미를 붙인다.
8. 삼촌 집에 숙식을 부친다.	8. 별명을 붙인다.

'부치다'는 '힘이 미치지 못하다, 편지 또는 물건을 보내다, 논밭을 다루어서 농사를 짓다, 프라이팬에 기름을 바르고 빈대떡 등을 익혀 만들다, 어떤 문제를 의논 대상으로 내놓다, 원고를 인쇄에 넘기다, 몸이나 식사 따위를 의탁하다' 등의 의미를 나타낸다. 반면, '붙이다'는 '붙게 하다, 서로 맞닿게 하다, 두 편의 관계를 맺게 하다, 불이 옮아서 타게 하다, 딸려 붙게 하다, 습관이나 취미 등이 익어지게 하다, 이름을 가지게 하다' 등의 의미를 나타낸다.

❶ 방청소를 시키다.
❷ 뜨거운 물을 식히다.

❶의 '시키다'는 '하게 하다'란 뜻을 나타낸다. ❷의 '식히다'는 '식다'(더운 기가 없어지다)의 어간 '식-'에 사동 접미사 '-히'가 결합하여 '식게 하다'란 뜻을 나타낸다.

17 | 아름 / 알음 / 앎

❶ 이 나무는 세 아름이다.
❷ 나와 그는 전부터 알음이 있다.
❸ 세상을 살아가는 데 필요한 것이 앎이다.

❶의 '아름'은 '두 팔을 벌려 껴안은 둘레의 길이'라는 명사적 용법과 둘레의 길이를 나타내는 의존 명사적 용법으로 쓰인다.[81] ❷와 ❸은 어간 '알-'에 명사형 어미가 결합한 것으로 문법적 구조가 동일하지만 그 의미는 다르다. 즉, '알음'은 어간 '알-'에 명사형 어미 '-(으)ㅁ'이, '앎'은 어간 '알-'에 명사형 어미 '-ㅁ'이 결합하였다. 오늘날 '앎'은 '지식'이라는 의미의 독립 명사로 굳어진 말이다. 따라서 ❷와 ❸은 서로 교체 사용이 불가능하다.

18 | 안치다 / 앉히다

❶ 밥을 안치다.
❷ 손님을 자리에 앉히다.

❶의 '안치다'는 '밥, 찌개 등의 음식을 만들기 위해 재료를 솥, 냄비에 넣어 불 위에 올려놓는다.'는 의미이다. ❷의 '앉히다'는 '앉다'의 어간에 사동의 접미사 '-히-'가 결합한 것으로, '앉게 하다'의 의미를 나타낸다. 따라서 사람이나 동물 등의 몸을 특정한 자리에 올려놓을 때에는 '앉히다'를 써야 한다.[82]

19 | 어름 / 얼음

❶ 바다와 하늘의 어름이 수평선이다.
❷ 냉장고에 넣었던 물이 얼음이 되었다.

----

81) 예문 ❶의 '아름'은 수관형사 뒤에 나타난 의존 명사이며, "이 나무는 어른의 <u>아름</u>으로 두 아름이나 된다."에서는 명사적 용법으로 사용되었다.

82) '앉히다'는 '버릇을 가르치다'와 '문서에 무슨 줄거리를 따로 잡아 기록하다'란 뜻으로 풀이되기도 한다.
    예 자식들에게 일찍 일어나는 습관을 앉히다.   예 그는 책을 읽다가 중요한 것을 여백에 앉히는 습관이 있다.

❶은 "어간에 '-이'나 '-음'이 붙어서 명사로 바뀐 것이라도 그 어간의 뜻과 멀어진 것은 원형을 밝히어 적지 아니한다."는 규정에 따라 '어름'으로 적는다. '어름'은 '두 물건의 끝이 닿은 데'를 나타내는 말로, 어간 '얼-'의 뜻에서 멀어졌다. ❷의 '얼음'은 '물이 얼어서 굳어진 것'을 뜻하는 말로, '얼다'의 어간 '얼-'에 '-음'이 붙어 만들어진 말이다.

20 | 이따가 / 있다가

❶ 이따가 이야기 하자.
❷ 집에 있다가 학교에 갔다.

❶의 '이따가'는 '조금 지난 뒤에'라는 의미의 부사이다. ❷의 '있다가'는 동사 어간 '있-'에 연결 어미 '-다가'[83]가 결합한 것으로, '있다'의 본뜻이 남아 있어 원형을 밝혀 적어야 한다. 따라서 '머물다가'를 뜻하는 경우에는 '있다가'를 사용한다.

21 | 저리다 / 절이다

❶ 다리가 저리다.
❷ 배추를 소금물에 절이다.

❶의 '저리다'는 '다리에 피가 통하지 않아 힘이 없고 감각이 둔하다'는 의미를 지는 동사이다. ❷의 '절이다'는 '채소나 고기 따위에 소금기나 양념이 배어 든다'는 의미를 지닌 '절다'의 사동형이다.

절다	절이다
배추가 소금물에 절다.	배추를 소금물에 절이다.

---

83) '어떤 동작, 상태 따위가 중단되고 다른 동작이나 상태로 바뀜'을 나타낸다.

22 | 조리다 / 졸이다

❶ 생선을 조리다.
❷ 김치(된장)찌개의 국물을 졸이다.

❶의 '조리다'는 '고기나 생선, 채소 따위를 양념하여 국물이 거의 없게 바짝 끓이다'는 뜻을 지니고 있다. ❷의 '졸이다'는 '찌개, 국, 한약 따위의 물을 증발시켜 분량을 적어지게 하다'는 의미를 지닌 '졸다'의 사동형이다. 또한 '속을 태우다시피 마음을 초조하게 먹다'란 의미도 있다.

23 | 주리다 / 줄이다

❶ 여러 날을 주리다.
❷ 다이어트로 체중을 줄이다.

❶의 '주리다'는 '먹을 것이 없어 배를 곯다'는 뜻으로, '굶주리다'와 유의 관계에 있다. ❷의 '줄이다'는 '줄다'의 사동형으로, '물체의 길이, 면적 등이 작아지게 하고, 수나 분량이 적어지게 한다'는 뜻이다. '바지를 줄이다, 집을 줄이다, 근무 시간을 줄이다, 먹는 양을 줄이다' 등으로 쓰인다.

24 | ~노라고 / ~느라고

❶ 하노라고 한 것이 이 모양이다.
❷ 어제는 시험공부를 하느라고 밤을 새웠다.

두 연결 어미 중 ❶의 '-노라고'는 화자 자신의 행동에 대한 의도나 목적을 표현할 때 쓰는 것으로, '자기 나름으로는 한다고' 정도의 의미를 나타낸다. '-노라고'의 예로는 '하노라고 하다, 쓰노라고 쓴 게 이 모양이다' 등이 있다. 그러나 ❷의 '-느라고'는 앞의 내용이 뒤 내용의 원인이 됨을 표현하는 것으로, '-하는 일로 인하여'란 뜻을 나타낸다. '-느라고'의 예로는 '소설을 읽느라고 밤을 새우다, 자느라고 못 보다' 등이 있다.

25 | ~느니보다(어미) / ~는 이보다(의존 명사)

❶ 택시를 타느니보다 지하철이 낫겠다.
❷ 학교 가는 이보다 그렇지 않은 이가 더 많다.

❶의 '-느니보다'는 어미 '-느니'에 조사 '보다'가 결합한 형태로, 현행 맞춤법에서 다루지 않는다. 그러나 사물과 관련하여 '-는 것보다'의 의미로 사용하므로 이를 어미로 적기로 하였다. ❷의 '-는 이보다'에서의 '이'는 '사람'을 뜻하는 의존 명사이다. 의존 명사이기에 앞의 관형어를 수반하고 있으며, 앞말과 띄어 쓰고 있다.

26 | ~(으)리만큼(어미) / ~(으)ㄹ 이만큼(의존 명사)

❶ 밥도 못 먹으리만큼 기운이 없다.
❷ 휴강을 반대할 이는 찬성할 이만큼 많지 않을 것이다.

❶의 '-(으)리만큼'은 '-(으)ㄹ 정도만큼'이라는 뜻을 지닌 어미이다. ❷의 '-(으)ㄹ 이만큼'은 '-(으)ㄹ 사람만큼'이란 뜻이다. 결국, 사람을 의미하는 의존 명사 '이'만 밝혀 적고, 아닌 것은 소리 나는 대로 적는다.

27 | ~(으)러(목적) / ~(으)려(의도)

❶ 책을 빌리러 도서관에 간다.
❷ 친구를 만나려 도서관에 간다.

❶의 '-(으)러'는 주로 '가다, 오다'와 함께 쓰여 직접적인 목적을 표시하는 어미이다. ❷의 '-(으)려'는 그 동작을 하려고 하는 화자의 의도를 표시하는 어미이다. 한편, 목적의 어미 '-(으)러' 자리에 '-(으)려'를 써 의도의 뜻을 나타내게 하려면 '-고'를 붙여야 한다. 그러나 의도의 어미 '-(으)려' 자리에 '-(으)러'가 쓰여 목적의 의미를 드러낼 때에는 '고'가 결합할 수 없다. 즉 '-러고'는 불가하지만, '-려고'는 가능하다.

28 | ~(으)로서(자격) / ~(으)로써(수단)

❶ 학생으로서 그런 행동은 나쁘다.
❷ 친구에게 문자 메시지로써 소식을 전하다.

❶과 ❷의 '-(으)로서'와 '-(으)로써'는 체언 뒤에 결합하는 조사라는 점에서 동일하다. 그러나 전자는 '어떤 지위나 신분이나 자격을 가진 입장에서'란 의미를 나타내며, 후자는 '재료, 수단, 방법'을 나타내는 조사이다. 따라서 ❶은 '학생이라는 신분, 지위, 자격'을 가진 사람이 해서는 안 되는 행동을 설명하는 문장이다. ❷는 친구에게 소식을 전하는 다양한 방법 중 한 가지인 문자 메시지를 사용한다는 문장이다.

29 | ~(으)므로(어미) / (~ㅁ, ~음)으로(써)(조사)

❶ 네가 나를 믿으므로 나 또한 너를 믿는다.
❷ 모든 부모들은 자식을 믿음으로써 대한다.

❶의 '-(으)므로'는 까닭의 의미를 나타내는 어미로, '~기 때문에'로 해석이 가능하다. ❷의 '(-ㅁ, -음)으로(써)'는 용언의 명사형에 조사가 결합한 구조로 '도구'나 '수단' 또는 '방법'의 의미를 나타낸다. '~기 때문에'로 교체가 가능하면 '-(으)므로'를 사용하고, 그렇지 않으면 '(-ㅁ, -음)으로(써)'를 사용하면 된다.

제2부

표준어 규정

제1장 표준어 규정

1. 표준어의 정의

<표준 국어 대사전>에 풀이되어 있는 '표준어'의 개념은 다음과 같다.

> 표준-어 標準語
>
> 1. 한 나라에서 공용어로 쓰는 규범으로서의 언어.
> 2. 전 국민이 공통적으로 쓸 수 있는 자격을 부여받은 단어. 우리나라에서는 교양 있는 사람들이
>   두루 쓰는 현대 서울말로 정함을 원칙으로 한다.

결국, '표준어'는 해당 언어를 사용하는 모든 국민들이 따라야 하는 언어 규범[1]으로, 한 나라의 표준으로 정한 말이다.

2. 표준어의 규정

'한글 맞춤법'의 표기 대상은 표준어이다. 그렇기 때문에 표준어의 규정은 한글 맞춤법의 전제가 되는 규정인 것이다. 이는 아래에서 보듯, 1933년『한글 마춤법 통일안』제정 이후 지금까지 변함이 없는 사실이다.

> 제1장 총론(1933년)
> 한글 마춤법[綴字法]은 표준말을 그 소리대로 적되, 어법에 맞도록 함으로써 원칙을 삼는다.

> 제1장 총론(1988년)
> 한글 맞춤법은 표준어를 소리대로 적되, 어법에 맞도록 함을 원칙으로 한다.

---

1) 한 나라 안에서 지역적으로나 사회적으로 여러 형태로 쓰이는 말을 단수 혹은 복수의 표준형으로 제시하는 것은 그 나라 국민들의 효율적이고 통일된 의사소통을 위한 것이다. 국어 토박이 화자가 하는 말은 어휘의 형태나 음운의 발음에서 지역적으로나 사회적으로 여러 가지로 나타나는 경우가 많은데, 이러한 여러 형태나 발음 중 하나 혹은 둘을 표준형으로 제시하고자 하는 것이 표준어 규정의 목적이다(국립국어원 한국어 어문 규범 해설).

그러나 단행본 형태의 표준어 사정은 1933년『한글 마춤법 통일안』고시 3년 뒤인 1936년『사정한 조선어 표준말 모음』으로 완성되었다.[2] 이는 국어 표준어 규정을 최초로 마련했다는 의의를 지니고 있으며 동시에 국어사전 편찬과 실 언어생활의 지침서로서 역할을 담당하였다. 그 후, 시간의 흐름에 따라 국민들의 언어생활에도 많은 변화가 일어났으며 동시에 달라지거나 혼용되어 쓰이는 말들이 생겨 표준어의 개정 작업이 필요하였다. 그 작업에 의한 결과물이 바로 현행『표준어 규정』이다.[3]

3. 표준어 규정의 체계

'표준어 규정'은 '제1부 표준어 사정 원칙'과 '제2부 표준 발음법'으로 나누어지며, 표준어 사정 원칙은 3장으로, 표준 발음법은 7장으로 구성되어 있다.

(1) 표준어 사정 원칙

	장(내용)	절	항
제1장	총칙		제1항~제2항
제2장	발음 변화에 따른 표준어 규정	제1절 자음 제2절 모음 제3절 준말 제4절 단수 표준어 제5절 복수 표준어	제3항~제7항 제8항~제13항 제14항~제16항 제17항 제18항~제19항
제3장	어휘 선택의 변화에 따른 표준어 규정	제1절 고어 제2절 한자어 제3절 방언 제4절 단수 표준어 제5절 복수 표준어	제20항 제21항~제22항 제23항~제24항 제25항 제26항

제1장은 표준어 사정의 일반적 기준을 정한 것이며, 제2장은 발음 변화를 반영하여 표준어를 개정한 내용이다. 제3장은 어휘적으로 형태를 달리하는 단어들을 사정하였다.

---

[2] 표준어에 대한 개념이나 의식은『한글 마춤법 통일안』부터 싹텄다. 왜냐하면 '통일안'의 부록 1에 표준어의 일부가 8개 항목으로 분류되어 있었기 때문이다. 이를『한글 마춤법 통일안』의 표준어 사정 원칙에 따라 사정한 것이『사정한 조선어 표준말 모음』인 것이다(강희숙, 2003:243).

[3] 1988년 1월 19일에 문교부 고시 제 88-2호로 고시되었고, 1989년 3월 1일부터 시행되었다.

[2] 표준 발음법

장(내용)		항
제1장	총칙	제1항
제2장	자음과 모음	제2항~제5항
제3장	소리의 길이	제6항~제7항
제4장	받침의 동화	제8항~제9항
제5장	소리의 동화	제10항~제22항
제6장	된소리되기	제23항~제28항
제7장	소리의 첨가	제29항~제30항

'표준 발음법'은 종래에 없던 규정을 새롭게 마련한 것이다. 음성언어로서의 정확한 발음 또한 국민들의 정확하고 분명한 의사소통에 기여하는 바가 크기 때문이다.

제2장 표준어 사정 원칙

1. 제1장 총칙

표준어 사정 원칙의 제1장은 '총칙'이다. '총칙'은 아래와 같이 2개의 하위 항목으로 구성되어 있다.

> **제1항**　표준어는 교양 있는 사람들이 두루 쓰는 현대 서울말로 정함을 원칙으로 한다.

제1항은 표준어의 조건을 제시하고 있다. 첫째, '교양 있는 사람'[4]이라는 조건은 표준어 사용의 주체를 정한 것이다. 국민들의 원활한 의사소통을 위해 만든 표준어는 공용어의 성격을 지닌다. 그렇다면 한 국가의 국민으로서 표준어를 사용해야 하는 것은 교양인의 필수 조건이다. 둘째, '현대'[5]라는 조건은 시대적 기준을 정한 것이다. 현대는 역사적 변화 과정에서

----

4)　1933년 『한글 마춤법 통일안』의 '중류 사회'를 '교양 있는 사람'으로 바꾼 것이다. 왜냐하면 '중류'라는 단어에는 '경제, 사회, 지위' 등과 관련한 계급의식이 포함되어 있기 때문이다.

5)　1933년 『한글 마춤법 통일안』의 '현재'를 '현대'로 바꾼 것이다. 왜냐하면 '현재'(과거의 '현재', 현재의 '현재', 미래의 '현재')가 역사 속에서 한 시대의 표준어를 규정짓는 데에는 적절하지 못하기 때문이다.

의 한 시대를 구획 짓는 개념어로서, 지금 사용되는 단어인지의 여부가 사정의 기준이다. 셋째, '서울말'이라는 조건은 지역적 기준을 정한 것이다. 표준어는 여러 지역어 중, 세력이 가장 크고, 많은 사람들이 따르는 말을 인위적으로 정한 것이다. 대부분 한 나라의 정치·경제·문화·예술 중심지의 말이 표준어에 해당하기 때문이다.

제2항   외래어는 따로 사정한다.

제2항은 '표준어 규정'에서 외래어의 사정을 보류하고 별도의 규정으로 다루겠다고 밝힌 것이다. 외래어는 넓은 의미의 국어에 포함되기 때문에 표준어 사정의 중요한 대상이다. 그럼에도 불구하고 현행 표준어 규정에서 외래어의 사정을 보류한 이유는 다음과 같다. 첫째, 다양한 영역에서 물밀듯 들어오는 외래어 하나하나를 심의 사정하여 우리의 국어 생활에 수용할 것인가 결정하는 일에는 많은 시간 제약이 따르기 때문이다. 둘째, 외래어의 표기법은 각 언어가 지닌 특질이 고려되어야 하므로, 그 성격이 고유어와 다르기 때문이다. 한편, 1986년 1월 7일 문교부 고시 제85-11호로『외래어 표기법』을 공포하여, 표기의 기본 원칙 및 표기 일람 등을 제시하였다.

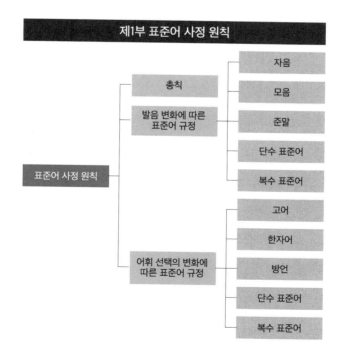

2. 제2장 발음 변화에 따른 표준어 규정

표준어 사정 원칙의 제2장(제1절~제5절)은 언어의 변화 가운데 발음의 변화가 현저하여 기존의 표준어를 따를 수 없어 새 형태를 표준어로 삼은 것이다.

2.1. 제1절 자음

2.1.1. 제3항~제4항

> **예**　① 다음 빈칸에 들어갈 알맞은 단어를 쓰시오.
> 　　② 내년 농사를 위해 가을갈이를 해야 한다.

'예①'은 거센소리로 발음 나는 자음의 형태를 표준어로 삼고, '예②'는 거센소리로 발음 나지 않는 형태를 표준어로 삼는 경우이다.

제3항　다음 단어들은 거센소리를 가진 형태를 표준어로 삼는다.(ㄱ을 표준어로 삼고, ㄴ을 버림.)

ㄱ	ㄴ	비고
끄나풀	끄나불	
나팔-꽃	나발-꽃	
녘	녁	동~, 들~, 새벽~, 동틀~.
부엌	부억	
살-쾡이	삵-괭이	
칸	간	1. ~막이, 빈~, 방 한~. 2. '초가삼간, 윗간'의 경우에는 '간'임.
털어-먹다	떨어-먹다	재물을 다 없애다.

제3항의 '칸'은 '공간(空間)의 구획이나 넓이'를 나타내는 말이다. 원래 한자어 '간(間)'에서 온 말이지만 현재는 발음이 변한 새 형태를 표준어로 삼게 되었다. 다만, '초가삼간(草家三間), 대하천간(大廈千間), 마구간, 고깃간(푸줏간), 고물간[6]'과 같이 관습적으로 굳어진 표현에서는 '간'을 그대로 쓴다.

---

6)　'고물'은 '배의 뒷부분'을 뜻한다.

제4항	다음 단어들은 거센소리로 나지 않는 형태를 표준어로 삼는다.(ㄱ을 표준어로 삼고, ㄴ을 버림.)		
ㄱ	ㄴ		비고
가을-갈이	가을-카리		
거시기	거시키		
분침	푼침		

제4항은 발음 변화의 방향이 제3항과 반대인 것들이다. 이 가운데 '거시기'는 사전에 등재되어 있는 표준어로 대명사 또는 감탄사로 기능한다.[7]

2.1.2. 제5항

예 ① 중국 강남에서 온 콩이란 의미로 강낭콩이라 한다.
② '갈비'의 의미로 '가리'가 쓰이는 경우가 있으나, '갈비'만 표준어로 삼는다.

'예①'은 어원이 분명하더라도 어원에서 멀어진 형태가 굳어져 널리 쓰인 것을 표준어로 삼고, '예②'는 어원 의식이 남아 있어 그 형태가 쓰이고 있는 것을 그대로 표준어로 삼는 경우이다.

제5항	어원에서 멀어진 형태로 굳어져서 널리 쓰이는 것은, 그것을 표준어로 삼는다.(ㄱ을 표준어로 삼고, ㄴ을 버림.)		
ㄱ	ㄴ		비고
강낭-콩	강남-콩		
고삿	고샅		겉~, 속~.
사글-세	삭월-세		'월세'는 표준어임.
울력-성당	위력-성당		떼를 지어서 으르고 협박하는 일.

---

7) "너도 생각나지? 우리 반에서 키가 제일 작았던 거시기 말이야.", "혹시 거시기 좀 있어요?"의 '거시기'는 이름이 얼른 생각나지 않거나 바로 말하기 곤란한 사람 또는 사물을 가리키는 대명사이다. 반면, "저, 거시기 죄송하지만 길 좀 물어볼 수 있을까요?"에서는 하려는 말이 얼른 생각나지 않거나 바로 말하기가 거북할 때 쓰는 군소리로 감탄사에 해당한다.

제5항 '강낭콩'의 어원은 '강남(江南)+콩'으로, 중국의 강남 지방에서 나는 콩이라는 의미를 지니고 있다. 그러나 우리의 언어 현실은 어원을 인식하지 않고 '강낭콩'으로 사용하기에 이를 표준어로 정한 것이다. '월세'의 다른 말인 '삭월세(朔月貰)'는 '사글세'와 유사한 한자음에 지나지 않는다는 이유로 비표준어로 처리하였다. '고삿'과 '고샅'의 관계는 다음과 같다.

	사전적 의미	현행 표준어
'고샅'	① '초가지붕을 이을 때에 쓰는 새끼'	→ '고삿'
	② '좁은 골목이나 길'	→ '고샅'

다만, 어원적으로 원형에 더 가까운 형태가 아직 쓰이고 있는 경우에는, 그것을 표준어로 삼는다.(ㄱ을 표준어로 삼고, ㄴ을 버림.)

ㄱ	ㄴ	비고
갈비	가리	~구이, ~찜, 갈빗-대.
갓모	갈모	1. 사기 만드는 물레 밑 고리. 2. '갈모'는 갓 위에 쓰는 유지로 만든 우비.
굴-젓	구-젓	
말-곁[8]	말-겻	
물-수란[9]	물-수랄	
밀-뜨리다[10]	미-뜨리다	
적-이	저으기	적이-나, 적이나-하면.
휴지	수지	

이 중, '적이'는 어원적으로 '적다'와 관련이 있다. 그런데 어원에서 멀어진 '꽤 상당한 정도로'의 의미를 지니게 되면서 원형을 밝혀 적지 않는 '저으기'가 널리 쓰였다. 그러나 '적다'와의 관계를 고려하여 이를 표준어로 결정하게 되었다.

----

8) '말곁'은 '남이 말하는 옆에서 덩달아 참견하는 말'을 의미한다.

9) '물수란'은 '달걀을 깨뜨려 그대로 끓는 물에 넣어 반쯤 익힌 음식'을 뜻한다.

10) '밀뜨리다'는 "갑자기 힘껏 밀어 버리다."라는 의미이며, '밀트리다'와 유의어이다.

2.1.3. 제6항

예 ① '제2, 두 개째'의 뜻은 '둘째'로 표기한다.
    ② '제12, 제22'의 뜻은 '열두째', '스물두째'로 표기한다.

'예①'은 차례(두째, 세째)와 수량(둘째, 셋째)으로 구분하여 썼던 것을 '둘째'로 통일한 예이다. '예②'는 차례를 나타내는 '둘째'의 예외적 표현을 인정한 경우이다.

ㄱ	ㄴ	비고
제6항 다음 단어들은 의미를 구별함이 없이, 한 가지 형태만을 표준으로 삼는다. (ㄱ을 표준으로 삼고, ㄴ을 버림.)		
돌	돐	생일, 주기.
둘-째	두-째	'제2, 두 개째'의 뜻.
셋-째	세-째	'제3, 세 개째'의 뜻.
넷-째	네-째	'제4, 네 개째'의 뜻.
빌리다	빌다	1. 빌려주다, 빌려 오다. 2. '용서를 빌다'는 '빌다'임.

제6항의 '돌'과 '돐'은 각각 '생일'과 '주기'로 구분하던 것을 '돌' 한 가지로 통일한 것이다. '빌리다' 역시 '빌려 주다'(借)와 '빌려 오다'(貸)의 의미를 다 지니는 것으로 처리하였다.

다만, '둘째'의 경우, 십 단위 이상의 서수사에 쓰일 때에는 현실 발음을 인정하여 '두째'로 써야하는 경우가 예외적으로 존재한다.

ㄱ	ㄴ	비고
열두-째 스물두-째		열두 개째의 뜻은 '열둘째'로. 스물두 개째의 뜻은 '스물둘째'로.

'순서'를 나타내는 '두째, 세째, 넷째'를 '수량' 단위인 '둘째, 셋째, 넷째'로 통일했다고 하였다. 그러나 십 이상의 서수사에서는 예외적으로 '열두째, 스물두째, 서른두째' 등으로 표기한다. 왜냐하면, '둘째' 앞에 다른 수가 올 때에는 받침 'ㄹ'이 탈락하여 발음 나기 때문이다. 따라서 '열두 개째'라는 '수량'의 의미를 나타낼 때에는 '열둘째'로 표기해야 한다.[11]

---

11) "이 책을 열두째 앉은 사람에게 갖다 주어라."의 '열두째'는 '순서'의 의미, "나는 지금 열둘째 답안지를 채점하고 있다."의 '열둘째'는 '수량'의 의미를 나타낸다.

2.1.4. 제7항

예 ① '암소'의 반대말은 '수소'이다.
      ② '수'와 '닭'이 결합하면 '수탉'이 된다.

'예①'은 수컷을 이르는 접두사 '수-'가 쓰인 경우이고, '예②'는 접두사 '수-' 다음에서 나는 거센소리를 표준어로 인정하는 경우이다.

제7항	수컷을 이르는 접두사는 '수-'로 통일한다.(ㄱ을 표준어로 삼고, ㄴ을 버림.)	
ㄱ	ㄴ	비고
수-꿩	수-퀑/숫-꿩	'장끼'도 표준어임.
수-나사	숫-나사	
수-놈	숫-놈	
수-사돈[12]	숫-사돈	
수-소	숫-소	'황소'도 표준어임.
수-은행나무	숫-은행나무	

제7항의 '수-'는 중세 국어에서 명사 '숳'으로 쓰였다. 그러나 오늘날 '암수'라는 단어를 제외하고는 다음과 같이 접두사로만 기능하고 있어, '수-'와 다른 단어들이 결합할 때, '수-'를 기본 형태로 정하고 있다.

> **'수-'**
> 1. (성의 구별이 있는 동식물을 나타내는 일부 명사 앞에 붙어) '새끼를 배지 않거나 열매를 맺지 않는'의 뜻을 더하는 접두사.
> 2. (짝이 있는 사물을 나타내는 일부 명사 앞에 붙어) '길게 튀어 나온 모양의', '안쪽에 들어가는', '잘 보이는'의 뜻을 더하는 접두사.

한편, 접두사 '수-'와 결합하는 단어[13]의 음절 첫소리가 거센소리로 나타나는 경우가 있다.

---

12) '사위 쪽의 사돈'으로, 반대말은 '암사돈'(며느리 쪽의 사돈)이다.
13) 접두사 '암-', '수-' 뒤의 거센소리를 표준어로 인정하는 단어는 9개에 한정한다.

이 경우, '숳'의 받침 'ㅎ'의 흔적을 확인할 수 있는 화석화된 표현으로 인정하며, 접두사 '암-'
이 결합되는 경우에도 이에 준한다.

ㄱ	ㄴ	비고
수-캉아지	숫-강아지	
수-캐	숫-개	
수-컷	숫-것	
수-키와	숫-기와	
수-탉	숫-닭	ㄱ을 표준어로 삼고, ㄴ을 버림.
수-탕나귀	숫-당나귀	
수-톨쩌귀	숫-돌쩌귀	
수-퇘지	숫-돼지	
수-평아리	숫-병아리	

다만, 접두사 '수-'와 관련하여 주의해야 할 사항은 '양, 염소, 쥐'의 경우에는 '숫-'을 기본
형으로 삼는다는 것이다. 접두사 '수-'가 '양, 염소, 쥐'와 결합할 때에는 발음상 사이시옷과
비슷한 소리([순냥, 순념소, 숟쮜])가 덧난다고 판단하였기 때문이다.

ㄱ	ㄴ	비고
숫-양	수-양	
숫-염소	수-염소	ㄱ을 표준어로 삼고, ㄴ을 버림.
숫-쥐	수-쥐	

2.2. 제2절 모음

2.2.1. 제8항

예 ① 토끼는 '깡충깡충' 뛴다.
② 그녀는 지금 '쌍둥이' 형제를 키운다.

'예①'과 '예②'는 국어의 모음 조화 현상이 약화되면서 나타나는 모음의 발음 변화를 표준
어에 반영한 경우이다.

제8항 양성 모음이 음성 모음으로 바뀌어 굳어진 다음 단어는 음성 모음 형태를 표준어로 삼는다. (ㄱ을 표준어로 삼고, ㄴ을 버림.)

ㄱ	ㄴ	비고
깡충-깡충	깡총-깡총	큰말은 '껑충껑충'임.
-둥이	-동이	←童-이. 귀-, 막-, 선-, 쌍-, 검-, 바람-, 흰-.
발가-숭이	발가-송이	센말은 '빨가숭이', 큰말은 '벌거숭이, 뻘거숭이'임.
보퉁이	보통이	
봉죽	봉족	←奉足. ~꾼, ~들다.
뻗정-다리	뻗장-다리	
아서, 아서라	앗아, 앗아라	하지 말라고 금지하는 말.
오뚝-이	오똑-이	부사도 '오뚝-이'임.
주추	주초	←柱礎. 주춧-돌.

제8항의 예시어들은 모두 모음 조화 현상에 따라 애초 양성 모음 형태가 원형이었다. 그 후, 양성 모음의 음성 모음화 발음을 인정한 형태를 표준어로 정하게 되었다. 특히, '동(童), 봉족(奉足), 주초(柱礎)'는 한자어로서의 형태를 인식하지 않고, 음성 모음 형태를 인정함에 주의해야 한다.

다만, 어원 의식이 강하게 작용하는 다음 단어에서는 양성 모음 형태를 그대로 표준어로 삼는다.(ㄱ을 표준어로 삼고, ㄴ을 버림.)

ㄱ	ㄴ	비고
부조(扶助)	부주	~금, 부좃-술.
사돈(査頓)	사둔	밭~, 안~.
삼촌(三寸)	삼춘	시~, 외~, 처~.

2.2.2. 제9항

예 ① 서울에서 태어나 자란 사람을 '서울내기'라 한다.
② 주로 봄날 햇빛이 강하게 쬘 때 공기가 공중에서 아른아른 움직이는 현상을 '아지랑이'라 한다.

'예①'은 'ㅣ'모음 역행 동화가 적용된 형태를 표준어로 삼고, '예②'는 'ㅣ'모음 역행 동화가 일어나지 아니한 형태를 표준어로 삼는 경우이다.

제9항 'ㅣ' 역행 동화 현상에 의한 발음은 원칙적으로 표준 발음으로 인정하지 아니하되, 다만 다음 단어들은 그러한 동화가 적용된 형태를 표준어로 삼는다.(ㄱ을 표준어로 삼고, ㄴ을 버림.)

ㄱ	ㄴ	비고
-내기	-나기	서울-, 시골-, 신출-, 풋-.
냄비	남비	
동댕이-치다	동당이-치다	

'ㅣ'모음 역행 동화 현상은 'ㅣ'모음의 영향으로 앞 음절의 후설 모음이 전설 모음화되는 것이다. 즉, 후설 모음 'ㅏ, ㅓ, ㅗ, ㅜ' 뒤에 전설 모음인 'ㅣ'가 놓이면 후설 모음들이 'ㅣ'모음에 동화되어 전설 모음 'ㅐ, ㅔ, ㅚ, ㅟ'로 변하게 된다. 다만, 다른 음운 현상과 달리 이에 의한 발음과 표기를 인정하지 않는다. 따라서 제9항은 'ㅣ'모음 역행 동화의 발음을 표준어로 인정하는 예외 현상임을 기억해야 한다.

ㄱ	ㄴ	비고
아지랑이	아지랭이	ㄱ을 표준어로 삼고, ㄴ을 버림.

한편, '-장이'와 '-쟁이'는 표준어로, 서로 구별해 써야 한다. '-장이'는 '그것과 관련된 기술을 가진 사람'에게 붙으며, 그 외의 경우에는 '-쟁이'를 붙인다.

ㄱ	ㄴ	비고	
미장이	미쟁이		
유기장이	유기쟁이		
멋쟁이	멋장이	ㄱ을 표준어로 삼고, ㄴ을 버림.	
소금쟁이	소금장이		
담쟁이-덩굴	담장이-덩굴		
골목쟁이	골목장이	골목에서 좀 더 깊숙이 들어간 좁은 곳.	ㄱ이 표준어임.
발목쟁이	발목장이	발, 발목을 속되게 이르는 말.	

2.2.3. 제10항

예 ① 그는 '괴팍한' 성격의 소유자이다.
　　② 이곳에 모인 사람들은 '허우대'가 크다.

'예①'과 '예②'는 각각 '괴팍하다'와 '허위대'의 이중 모음을 단모음으로 발음하는 변화를 수용하여 새로운 형태를 표준어로 정한 것이다.

제10항 다음 단어는 모음이 단순화한 형태를 표준어로 삼는다.(ㄱ을 표준어로 삼고, ㄴ을 버림.)		
ㄱ	ㄴ	비고
괴팍-하다	괴팍-하다/괴팩-하다	
-구먼	-구면	
미루-나무	미류-나무	←美柳~.
미륵	미력	←彌勒. ~보살, ~불, 돌~.
여느	여늬	
온-달[14]	왼-달	만 한 달.
으레	으례	
케케-묵다	켸켸-묵다	
허우대	허위대	
허우적-허우적	허위적-허위적	허우적-거리다.

제10항의 '미루나무'는 '미류(美柳)나무'에서 기원한 것이다. 그러나 현재는 '美柳'의 어원을 고려하지 않고 이중 모음 'ㅠ'가 단순화한 형태인 '미루나무'를 표준어로 삼고 있다. 이처럼 현실 발음에서 단모음화된 형태를 표준어로 인정하는 용례 중, 여전히 혼동이 많은 것이 '으레'이다. 이는 다음의 과정을 거친다.

의례(依例)　→　으례　→　으레

---

14) '온달'은 '꽉 찬 한 달'을 의미한다. 이때의 '온-'은 '꽉 찬', '완전한'의 뜻을 지닌 접두사이다. 한편, '온'이 '모든'의 의미를 지니는 관형사로 기능할 때는 '온 힘'과 같이 뒷말과 띄어 쓴다.

'두말할 것 없이 당연히, 틀림없이 언제나'를 뜻하는 부사 '으레'는 '의례'(依例)[15]에서 '으레, 으레'로 사용되었으나 제10항에 따라 '으레'만 표준어로 인정한다.

2.2.4. 제11항

> **예** ① 어떤 옷을 입어도 '멋있구려'.
> ② 무더운 여름에는 시원한 '미숫가루'가 최고야.

'예①'은 '-구료'에서 모음의 발음 변화를 인정한 '-구려'[16]를 표준어로 삼고, '예②'는 '미시'의 모음 발음 변화를 인정한 '미수'를 표준어로 삼은 것이다.

제11항	다음 단어에서는 모음의 발음 변화를 인정하여, 발음이 바뀌어 굳어진 형태를 표준어로 삼는다. (ㄱ을 표준어로 삼고, ㄴ을 버림.)	
ㄱ	ㄴ	비고
-구려	-구료	
깍쟁이	깍정이	1. 서울~, 알~, 찰~. 2. 도토리, 상수리 등의 받침은 '깍정이'임.
나무-라다	나무래다	
미수	미시	미숫-가루.
바라다	바래다	'바램(所望)'은 비표준어임.
상추	상치	~쌈.
시러베-아들[17]	실업의-아들	
주책	주착	←主着. ~망나니, ~없다.
지루-하다	지리-하다	←支離.
튀기	트기	
허드레	허드래	허드렛-물, 허드렛-일.
호루라기	호루루기	

---

15) 명사 형태의 '의례'는 다음의 의미로 쓰인다. '의례(儀禮): 행사를 치르는 일정한 법식. 또는 정하여진 방식에 따라 치르는 행사', '의례(依例): 전례에 의함', '의례(義例): 서적의 범례' 등이다.

16) '-구려'는 화자가 새롭게 알게 된 사실에 주목함을 나타내는 종결 어미로, 감탄의 뜻이 수반된다.

17) '실없는 사람을 낮잡아 이르는 말'인 '시러베아들'의 옛말은 '실업의아들'로, 그 어원은 '실(實)+없-+-의+아들'이다. 현재 제11항에 따라 '시러베아들' 혹은 '시러베자식'만 표준어로 삼게 되었다.

제11항은 제8항~제10항과 달리 모음 변화의 양상을 어느 한 가지로 설명할 수 없는 묶음으로 이루어져 있다.

'깍정이'를 대신하는 '깍쟁이'는 '이기적이고 인색한 사람' 내지 '아주 약삭빠른 사람'을 의미한다. 반면, '도토리'와 관련해서는 모음의 변화를 인정하지 않는 '깍정이'를 표준어로 삼는다.

한자어 '주착(主着)'과 '지리(支離)' 역시 한자어 어원을 따르지 않고 모음의 발음 변화를 인정하여, 발음이 굳어진 형태의 '주책'과 '지루하다'를 표준어로 삼았다.

2.2.5. 제12항

예 ① 그녀는 웃을 때 '윗니'가 드러난다.
② 철수는 큰 소리에 고개를 '위쪽'으로 쳐들었다.

'예①'은 '웃-'과의 혼란을 없애기 위해 명사 '위'에 사이시옷이 결합한 '윗-'을 기본으로 삼았고, '예②'는 된소리나 거센소리 앞에서 '위-'를 기본으로 삼은 경우이다.

제12항 '웃-' 및 '윗-'은 명사 '위'에 맞추어 '윗-'으로 통일한다.(ㄱ을 표준어로 삼고, ㄴ을 버림.)		
ㄱ	ㄴ	비고
윗-넓이	웃-넓이	
윗-눈썹	웃-눈썹	
윗-니	웃-니	
윗-당줄[18]	웃-당줄	
윗-덧줄[19]	웃-덧줄	
윗-도리	웃-도리	
윗-동아리	웃-동아리	준말은 '윗동'임.
윗-막이	웃-막이	

---

18) '윗당줄'은 '망건당에 꿴 당줄'을 뜻한다. '위-'와 '당줄'이 결합하여 [윋땅쭐/위땅쭐]로 소리 나므로 사이시옷을 받쳐 적는다.

19) '윗덧줄'은 '악보의 오선(五線) 위에 덧붙여 그 이상의 음높이를 나타내기 위하여 짧게 긋는 줄'을 뜻한다. [윋떧쭐/위떧쭐]로 소리 나므로 사이시옷을 받쳐 적는다.

ㄱ	ㄴ	비고
윗-머리	웃-머리	
윗-목	웃-목	
윗-몸	웃-몸	~ 운동.
윗-바람	웃-바람	
윗-배	웃-배	
윗-벌	웃-벌	
윗-변	웃-변	수학 용어.
윗-사랑	웃-사랑	
윗-세장[20]	웃-세장	
윗-수염	웃-수염	
윗-입술	웃-입술	
윗-잇몸	웃-잇몸	
윗-자리	웃-자리	
윗-중방[21]	웃-중방	

제12항에서 '윗-'으로 표기하는 경우는 '위'와 '아래'의 대립이 분명한 경우에 한한다. '넓이, 눈썹, 이, 머리' 등은 모두 위, 아래의 대립이 있는 어휘이기 때문이다. 따라서 이들 어휘에 '웃-'이 결합한 형태는 표준어로 인정하지 않는다.

한편, '위'와 '아래'의 구분이 있는 단어의 첫 음절이 된소리이거나 거센소리인 경우에는 '위-'로 표기해야 한다. 왜냐하면 이 경우에는 사잇소리 현상인 된소리화가 일어나지 않기 때문이다.

ㄱ	ㄴ	비고
위-짝	웃-짝	
위-쪽	웃-쪽	
위-채	웃-채	

----

20) '윗세장'은 '지게나 걸채 따위에서 윗부분에 가로질러 박은 나무'를 뜻한다. [윋쎄장/위쎄장]으로 소리 나므로 사이시옷을 받쳐 적는다.

21) '윗중방'은 '창문 위 또는 벽의 위쪽 사이에 가로지르는 나무'를 뜻한다. [윋쭝방/위쭝방]으로 소리 나므로 사이시옷을 받쳐 적는다.

ㄱ	ㄴ	비고
위-층	웃-층	
위-치마[22]	웃-치마	
위-턱	웃-턱	~ 구름(上層雲).
위-팔	웃-팔	

다만, '아래, 위'의 대립이 없는 단어는 '웃-'으로 발음되는 형태를 표준어로 삼는다.(ㄱ을 표준어로 삼고, ㄴ을 버림.)

ㄱ	ㄴ	비고
웃-국[23]	윗-국	
웃-기[24]	윗-기	
웃-돈	윗-돈	
웃-비[25]	윗-비	~ 걷다.
웃-어른	윗-어른	
웃-옷	윗-옷	

'웃어른'을 '윗사람'과 혼동하여 '윗어른'이라고 잘못 표기하는 경우가 많다. 그러나 '아랫사람'처럼 '위-아래'의 대립이 있는 '사람'과 달리 '어른'은 '아래어른'이 있을 수 없기에 '웃어른'으로 표기해야 한다.

비표준어인 '윗옷'의 표준어는 '웃옷'이다. 이때 '웃옷'은 '맨 겉에 입는 옷'으로, '위-아래'의 대립이 없는 단어이기 때문이다. 그러나 '위에 입는 옷'을 뜻하는 표준어는 '웃옷'이 아닌 '윗옷'이다. 반대말인 '아래옷'[26]이 존재하기 때문이다.

---

22) '위치마'는 '갈퀴의 앞초리 쪽으로 대나무를 가로 대고 철사나 끈 따위로 묶은 코'를 뜻한다.

23) '웃국'은 '간장이나 술 따위를 담가서 익힌 뒤에 맨 처음에 떠낸 진한 국'을 뜻한다. '위-아래'의 대립이 없는 단어이기에 '웃국'을 표준어로 삼은 것이다.

24) '웃기'는 '합이나 접시에 떡을 담고, 그 위에 모양을 내기 위해 얹는 작고 예쁜 떡' 또는 '과실, 포, 떡 등을 괸 위에 모양을 내기 위하여 얹는 재료'를 뜻한다.

25) '웃비'는 '아직 우기(雨氣)는 있지만 한창 내리다가 그친 비'를 뜻한다.

26) '윗옷'이 [윗옷]→[위돋]으로 발음되는 것과 달리 '아래옷'은 [아래옫]으로 발음되므로 '아랫옷'[아래돋]으로 적지 않는다.

2.2.6. 제13항

ㄱ	ㄴ	비고
구법(句法)	귀법	
구절(句節)	귀절	
구점(句點)	귀점	
결구(結句)	결귀	
경구(警句)	경귀	
경인구(警人句)	경인귀	
난구(難句)	난귀	
단구(短句)	단귀	
단명구(短命句)	단명귀	
대구(對句)	대귀	~법(對句法).
문구(文句)	문귀	~어(成句語).
성구(成句)	성귀	
시구(詩句)	시귀	
어구(語句)	어귀	
연구(聯句)	연귀	
인용구(引用句)	인용귀	
절구(絶句)	절귀	

제13항은 '구'와 '귀'로 혼동하여 쓰던 한자어 '句'를 '구'로 통일하였다. 이 중, '시구'[시꾸]를 '싯구'로 잘못 표기하는 경우가 종종 일어난다. 그러나 한자어와 한자어 사이에서는 사이시옷을 붙이지 않는다는 원칙에 따라 'ㅅ'을 쓸 수 없다.

다만, 다음 단어는 예외적으로 '귀'로 발음되는 형태를 표준어로 삼는다.

ㄱ	ㄴ	비고
귀-글[27]	구-글	ㄱ을 표준어로 삼고, ㄴ을 버림.
글-귀	글-구	

---

27) '귀(句)-글'은 한시(漢詩) 따위에서 두 마디가 한 덩이씩 되도록 지은 글을 뜻한다.

2.3. 제3절 준말

2.3.1. 제14항

예
① 올해 '무' 농사가 잘 되었다.
② '온갖'은 '온가지'의 준말이지만 '온갖'만 표준어로 삼는다.

'예①'의 '무'와 '예②'의 '온갖'의 본말은 '무우'와 '온가지'이었다. 그런데 현실 언어에서 본말이 거의 사용되지 않아 준말만을 표준어로 삼게 된 것이다.

제14항 준말이 널리 쓰이고 본말이 잘 쓰이지 않는 경우에는, 준말만을 표준어로 삼는다. (ㄱ을 표준어로 삼고, ㄴ을 버림.)

ㄱ	ㄴ	비고
귀찮다	귀치 않다	
김	기음	~매다.
똬리	또아리	
무	무우	~강즙, ~말랭이, ~생채, 가랑~, 갓~, 왜~, 총각~.
미다	무이다	1. 털이 빠져 살이 드러나다. 2. 찢어지다.
뱀	배암	
뱀-장어	배암-장어	
빔	비임	설~, 생일~.
샘	새암	~바르다, ~바리.
생-쥐	새앙-쥐	
솔개	소리개	
온-갖	온-가지	
장사-치	장사-아치	

제14항의 '귀찮다'는 본래 '귀(貴)하지 않다'에서 '귀치 않다'를 거쳐 형성된 준말이다. '귀치 않다'는 현실 언어에서 사라진지 오래고, 지금은 어원에서 멀어진 의미로 사용되고 있다.

제2부 표준어 규정

'샘'[28]은 '새암'의 준말로, '남의 처지나 물건을 탐내거나, 자기보다 나은 처지에 있는 사람이나 적수를 미워함. 또는 그런 마음'을 의미한다. '샘바르다'는 '샘이 심하다', '샘바리'는 '샘이 많아서 안달하는 사람'을 뜻한다.

2.3.2. 제15항

> **예** ① '귀이개'로 귀를 파다.
> ② '매우 위태롭고 아슬아슬한 상황'을 '살얼음판'에 비유한다.

'예①'의 '귀이개'와 '귀개', '예②'의 '살얼음판'과 '살판'은 본말과 준말의 관계에 있으나, 준말의 쓰임이 너무 적어 본말만을 표준어로 정한 것이다.

제15항 준말이 쓰이고 있더라도, 본말이 널리 쓰이고 있으면 본말을 표준어로 삼는다. (ㄱ을 표준어로 삼고, ㄴ을 버림.)		
ㄱ	ㄴ	비고
경황-없다	경-없다	
궁상-떨다	궁-떨다	
귀이-개	귀-개	
낌새	낌	
낙인-찍다	낙-하다/낙-치다	
내왕-꾼[29]	냉-꾼	
돗-자리	돗	
뒤웅-박	뒹-박	
뒷물-대야	뒷-대야	
마구-잡이	막-잡이	
맵자-하다[30]	맵자다	모양이 제격에 어울리다.
모이	모	
벽-돌	벽	

---

28) '시새움'의 준말인 '시샘'은 '샘'과 유의어 관계에 있다.

29) '내왕(來往)꾼'으로 '절에서 심부름하는 일반 사람'을 지칭한다.

30) '모양이 제격에 어울려서 맞다'는 의미로, "옷차림이 맵자하다." 등의 용례로 쓰인다.

ㄱ	ㄴ	비고
부스럼	부럼	정월 보름에 쓰는 '부럼'은 표준어임.
살얼음-판	살-판	
수두룩-하다	수둑-하다	
암-죽[31]	암	
어음	엄	
일구다	일다	
죽-살이	죽-살	
퇴박-맞다	퇴-맞다	
한통-치다	통-치다	

제14항의 경우, 주로 모음 충돌로 인한 음절 축약으로 본말과 준말의 관계가 형성되어 준말을 표준어로 인정하였다. 반면 제15항의 경우, 음절 탈락에 의해 본말과 준말의 관계가 형성되어 본말을 표준어로 인정하였다. 본말과 준말의 관계 속에서 어느 형태를 표준어로 결정할지에 대한 특별한 원칙은 보이지 않는다.

'어음'은 준말인 '엄'보다 더 널리 쓰인다는 이유에서 표준어로 삼은 것으로, '마음'과 '다음'의 준말인 '맘'과 '담'을 표준어로 인정한 것과 차이가 있다. 표준어 규정 해설(1988:212)에 따르면, "'어음'은 사무적인 용어인 만큼 '맘, 담'과 같은 생활 용어보다는 정확을 기할 필요가 있어 '엄'을 취하지 않은 것이다."고 하였다.

'일구다'는 첫째, '논밭을 만들기 위하여 땅을 파서 일으키다', 둘째, '두더지 따위가 땅을 쑤시어 흙이 솟게 하다', 셋째, '현상이나 일 따위를 일으키다'는 의미이다. 한편, '일구다'의 준말 '일다'는 비표준어이지만 이의 동음이의어에 주의해야 한다.

일다[1][일:다]
1. 없던 현상이 생기다. 예 논란이 일다.
2. 희미하거나 약하던 것이 왕성하여지다. 예 불꽃같이 일다.
3. 겉으로 부풀거나 위로 솟아오르다. 예 거품이 일다.

---

31) '곡식이나 밤의 가루로 묽게 쑨 죽'으로, 어린아이에게 젖 대신 먹인다.

제2부 표준어 규정

'죽살이'는 '삶과 죽음을 아울러 이르는 말'로, 어간 '죽(다)'과 '살(다)'에 접미사 '-이'가 결합한 구조이다. '퇴박맞다'는 '마음에 들지 아니하여 거절당하거나 물리침을 받다'는 의미로, '퇴짜 맞다'란 표현과 같다. 마지막으로 '한통치다'는 '나누지 않고 한곳에 합치다'는 의미의 표준어이다. 다음과 같이 명사에 조사가 붙은 경우에도 본말만 표준어로 삼는다.

ㄱ	ㄴ	비고
아래-로	알-로	ㄱ을 표준어로 삼고, ㄴ을 버림.

2.3.3. 제16항

예 ① '놀'이 붉게 타다.
   ② 붉은 '노을'을 바라본다.

'예①'의 '놀'과 '예②'의 '노을'은 준말과 본말의 관계이다. 이들은 제14항, 제15항과 달리 어느 하나를 버릴 이유가 없어 두 형태 모두를 표준어로 삼는다.

제16항 준말과 본말이 다 같이 널리 쓰이면서 준말의 효용이 뚜렷이 인정되는 것은, 두 가지를 다 표준어로 삼는다.(ㄱ은 본말이며, ㄴ은 준말임.)

ㄱ	ㄴ	비고
거짓-부리	거짓-불	작은말은 '가짓부리, 가짓불'임.
노을	놀	저녁~.
막대기	막대	
망태기	망태	

ㄱ	ㄴ	비고
머무르다	머물다	모음의 어미가 연결될 때에는 준말의 활용형을 인정하지 않음.
서두르다	서둘다	
서투르다	서툴다	
석새-삼베	석새-베	
시-누이	시-뉘/시-누	
오-누이	오-뉘/오-누	
외우다	외다	외우며, 외워 : 외며, 외어.
이기죽-거리다	이죽-거리다	
찌꺼기	찌기	'찌꺽지'는 비표준어임.

제16항 '머무르다, 서두르다, 서투르다'의 준말인 '머물다, 서둘다, 서툴다'의 경우 모음 어미와 결합하는 활용형을 표준어로 인정하지 않는다. 따라서 '머물어, 서둘어, 서툴어'는 '머물러, 서둘러, 서툴러'로 표기해야 한다. 다음의 과정을 거친다.

▶ '머무르-' + '-어' → '머물러' : '르' 불규칙 활용

▶ '머물-' + '-어' → '머물어'

▶ '머물-' + '-는' → '머무는' : 'ㄹ' 탈락

'외우다'가 "김소월의 <진달래꽃>을 외우다."에서처럼 '글이나 말을 기억하여 두었다가 한 자도 틀리지 않게 그대로 말하다'는 의미일 때에는 준말인 '외다' 역시 표준어의 자격을 지닌다. 따라서 이들은 다음과 같은 활용의 양상을 보인다.

▶ '외우-' + '-어/-어서' → '외워/외워서'

▶ '외-' + '-어/-어서' → '외어/외어서'

2.4. 제4절 단수 표준어

> **예**   ① 손톱에 '봉숭아' 물을 들이다.
>   ② 강의실의 '천장'에는 빔 프로젝트가 연결되어 있다.

'예①'의 '봉숭아'와 '예②'의 '천장'은 비슷한 발음의 '봉숭화'와 '천정'에 비해 더 널리 쓰인다는 이유에서 해당 형태 하나만 표준어로 삼은 것이다.

제17항	비슷한 발음의 몇 형태가 쓰일 경우, 그 의미에 아무런 차이가 없고, 그중 하나가 더 널리 쓰이면, 그 한 형태만을 표준으로 삼는다.(ㄱ을 표준어로 삼고, ㄴ을 버림.)	
ㄱ	ㄴ	비고
거든-그리다	거둥-그리다	1. 거든하게 거두어 싸다. 2. 작은말은 '가든-그리다'임.
구어-박다	구워-박다	사람이 한 군데서만 지내다.
귀-고리[32]	귀엣-고리	
귀-띔	귀-틤	
귀-지	귀에-지	
까딱-하면	까땍-하면	
꼭두-각시	꼭둑-가시	
내색	나색	감정이 나타나는 얼굴빛.
내숭-스럽다	내흉-스럽다	
냠냠-거리다	냠냠-거리다	냠냠-하다.
냠냠-이	냠냠-이	
너[四]	네	~ 돈, ~ 말, ~ 발, ~ 푼.
넉[四]	너/네	~ 냥, ~ 되, ~ 섬, ~ 자.
다다르다	다닫다	
댑-싸리	대-싸리	
더부룩-하다	더뿌룩-하다/ 듬뿌룩-하다	
-던	-든	선택, 무관의 뜻을 나타내는 어미는 '-든'임.
-던가	-든가	가-든(지) 말-든(지), 보-든(가) 말-든(가).

---

32) '귀고리'는 '귓불에 다는 장식품'으로, '귀걸이'와 유사한 의미를 지닌다.

ㄱ	ㄴ	비고
-던걸	-든걸	
-던고	-든고	
-던데	-든데	
-던지	-든지	
-(으)려고	-(으)ㄹ려고/ -(으)ㄹ라고	
-(으)려야	-(으)ㄹ려야/ -(으)ㄹ래야	
망가-뜨리다	망그-뜨리다	
멸치	며루치/메리치	
반빗-아치	반비-아치	'반빗' 노릇을 하는 사람. 찬비(饌婢). '반비'는 밥 짓는 일을 맡은 계집종.
보습[33]	보십/보섭	
본새[34]	뽄새	
봉숭아	봉숭화	'봉선화'도 표준어임.
뺨-따귀	뺌-따귀/뺨-따구니	'뺨'의 비속어임.
뻐개다[斫]	뻐기다	두 조각으로 가르다.
뻐기다[誇]	뻐개다	뽐내다.
사자-탈	사지-탈	
상-판대기	쌍-판대기	
서[三]	세/석	~ 돈, ~ 말, ~ 발, ~ 푼.
석[三]	세	~ 냥, ~ 되, ~ 섬, ~ 자.
설령[設令]	서령	
-습니다	-읍니다	먹습니다, 갔습니다, 없습니다, 있습니다, 좋습니다. 모음 뒤에는 '-ㅂ니다'임.
시름-시름	시늠-시늠	
씀벅-씀벅	썸벅-썸벅	
아궁이	아궁지	
아내	안해	

---

33) '보습'은 '쟁기, 극젱이, 가래 따위 농기구의 술바닥에 끼우는, 넓적한 삽 모양의 쇳조각'을 뜻한다.

34) '본새'는 '1. 어떤 물건의 본디의 생김새, 2. 어떠한 동작이나 버릇의 됨됨이'이다.

ㄱ	ㄴ	비고
어-중간	어지-중간	
오금-팽이[35]	오금-탱이	
오래-오래[36]	도래-도래	돼지 부르는 소리.
-올시다	-올습니다	
옹골-차다	공골-차자	
우두커니	우두머니	작은말은 '오도카니'임.
잠-투정	잠-투세/잠-주정	
재봉-틀	자봉-틀	발~, 손~.
짓-무르다	짓-물다	
짚-북데기	짚-북세기	'짚북더기'도 비표준어임.
쪽	짝	편(便). 이~, 그~, 저~. 다만, '아무-짝'은 '짝'임.
천장(天障)	천정	'천정부지(天井不知)'는 '천정'임.
코-맹맹이	코-맹녕이	
흉-업다[37]	흉-헙다	

제17항의 '서/석'과 '너/넉'은 그 수량이 '셋/넷'임을 나타내는 말로, '세/네'의 다른 형태이다. '서/너'와 '석/넉'은 뒤에 결합하는 단위 명사에 따라 형태가 달라진다.

▸ '3/4' + 돈, 말, 발, 푼 → '서/너' + '돈, 말, 발, 푼'
▸ '3/4' + 냥, 되, 섬, 자 → '석/넉' + '냥, 되, 섬, 자'

한글 맞춤법 제56항에서 살핀 바와 같이, 지난 일을 나타내는 '-더'에 관형사형 어미 '-ㄴ'이 결합한 '-던'과 물건이나 일의 내용을 가리지 아니하는 뜻을 나타내는 '-든'은 그 쓰임이 다르기에 구별해 사용해야 한다.

---

35) '오금팽이'는 '구부러진 물건에서 오목하게 굽은 자리의 안쪽'을 가리킨다.
36) 돼지를 부르는 소리인 '오래오래'는 감탄사이다. 한편, 동음이의어 '오래오래'는 '시간이 지나는 기간이 매우 길게'라는 의미를 지닌 부사이다.
37) '말이나 행동 따위가 불쾌할 정도로 흉하다'는 의미이다.

'씀벅씀벅'은 '눈꺼풀을 움직이며 눈을 자꾸 감았다 떴다 하는 모양'을 이르는 부사로 기능하며, 이의 뜻으로 '썸벅썸벅'은 표준어로 인정하지 않는다. 다만, '크고 연한 물건이 잘 드는 칼에 쉽게 자꾸 베어지는 모양이나 그 소리'라는 의미로 쓰일 때는 '썸벅썸벅'이 표준어의 자격을 지닌다.

'짚북데기'는 비표준어인 '짚북더기'의 'ㅣ'모음 역행 동화 현상[38]에 의한 발음이다. 현대 국어에서는 'ㅣ'모음 역행 동화가 일어난 단어를 방언으로 보아 원칙적으로 표준어로 인정하지 않는다. 다만, '냄비, -내기, 동댕이치다' 등과 같이 몇 가지 예외가 존재하는데 '짚북데기'도 이에 해당한다고 볼 수 있다.

2.5. 제5절 복수 표준어

예　① 엄마의 부름에 '예/네'라고 대답했다.
　　　② 알록달록하게 곱게 만든 아이의 옷이나 신발 따위를 '고까/꼬까'라 한다.

'예①'의 '예/네'는 유사한 발음의 두 형태가 다 널리 쓰인다는 이유에서 모두 표준어로 인정하였다. 반면, '예②'의 '고까/꼬까'는 동일한 의미를 지니지만 미묘한 어감의 차이가 드러난다는 점에서 역시 복수 표준어로 인정하였다.

제18항　다음 단어는 ㄱ을 원칙으로 하고, ㄴ도 허용한다.

ㄱ	ㄴ	비고
네	예	
쇠-	소-	-가죽, -고기, -기름, -머리, -뼈.
괴다	고이다	물이 ~, 밑을 ~.
꾀다	꼬이다	어린애를 ~, 벌레가 ~.
쐬다	쏘이다(*쐬이다)	바람을 ~.
죄다	조이다	나사를 ~.
쬐다	쪼이다	볕을 ~.

---

38) 'ㅣ'모음 역행 동화는 'ㅣ'모음이 앞의 모음 'ㅏ, ㅓ, ㅗ, ㅜ'에 영향을 주어 'ㅐ, ㅔ, ㅚ, ㅟ'로 변하게 하는 것으로, '아비'를 '애비', '어미'를 '에미'로 소리 내는 경우이다.

제18항의 '네/예'는 윗사람의 부름에 대답하거나 묻는 말에 긍정하여 대답할 때 또는 윗사람이 부탁하거나 명령하는 말에 동의하여 대답할 때 모두 쓸 수 있는 감탄사로, 동의어 관계이다. 한편, '아니요'[39]는 윗사람이 묻는 말에 부정하여 대답할 때 쓰는 감탄사로, '예/네'와 반의어 관계이다.

'쇠-/소-'는 복수 표준어이다. '쇠-'는 '소의'라는 뜻을 지닌 전통적 표현이다. 그렇기에 "길을 가다가 쇠를 보았다."라는 문장이 성립되지 않고 "길을 가다가 소를 보았다."라고 해야 한다.

'쬐다/쪼이다'의 사전적 정의는 '볕이 들어 비치다' 또는 '볕이나 불기운 따위를 몸에 받다'이다.[40]

제19항 어감의 차이를 나타내는 단어 또는 발음이 비슷한 단어들이 다 같이 널리 쓰이는 경우에는, 그 모두를 표준어로 삼는다.(ㄱ, ㄴ을 모두 표준어로 삼음.)

ㄱ	ㄴ	비고
거슴츠레-하다	게슴츠레-하다	
고까	꼬까	~신, ~옷.
고린-내	코린-내	
교기(驕氣)	갸기	교만한 태도.
구린-내	쿠린-내	
꺼림-하다	께름-하다	
나부랭이	너부렁이(*너부랭이)	

제19항의 '고린내/코린내'는 '썩은 풀이나 썩은 달걀 따위에서 나는 냄새와 같이 고약한 냄새'를, '구린내/쿠린내'는 '똥이나 방귀 냄새와 같이 고약한 냄새'를 의미한다. 각각 형용사 '고리다/코리다', '구리다/쿠리다'와 관련이 있다.

----

39) '아뇨'로도 표현할 수 있다. 반면, '아니오'는 어떤 사실을 부정하는 뜻을 나타내는 '아니다'의 활용형으로 "이것은 사과가 아니오."처럼 문장의 서술어로만 쓰인다.

40) '(나사를) 조이다'보다 강한 느낌을 주는 '쪼이다', '쪼다'(뾰족한 끝으로 쳐서 찍다)의 피동사인 '쪼이다'와 의미 구별에 유의해야 한다.

3. 제3장 어휘 선택의 변화에 따른 표준어 규정

시간의 흐름에 따른 언어 변화의 모습이 가장 먼저 드러나는 부분은 아마도 개별 어휘 분야일 것이다. 이에 표준어 사정 원칙의 제3장(제1절~제5절)은 어휘와 어휘의 경쟁 관계 속에서 언중들에 의해 선택된 단어를 표준어로 삼은 것이다.

3.1. 제1절 고어

어휘 선택의 변화에 따른 표준어 규정에서 첫 번째로 고려할 대상은 바로 '고어'이다. 즉, 언중들의 선택을 받지 못하면 고어로 처리하고, 그를 대신하여 널리 쓰이는 어휘를 표준어로 삼는다.

> **예**　① '설겆이'는 '설거지'의 옛말이다.
> 　　② '자두나무'에 '자두'가 많이 열려 가지가 늘어져 있다.

'예①'의 '설거지'와 '예②'의 '자두'는 사어(死語)가 되어 쓰이지 않게 된 '설겆이'와 '오얏'을 고어로 처리하면서 표준어 자격을 갖게 되었다.

제20항　사어(死語)가 되어 쓰이지 않게 된 단어는 고어로 처리하고, 현재 널리 사용되는 단어를 표준어로 삼는다.(ㄱ을 표준어로 삼고, ㄴ을 버림.)		

ㄱ	ㄴ	비고
난봉	봉	
낭떠러지	낭	
설거지-하다	설겆다	
애달프다	애닯다[41]	
오동-나무	머귀-나무[42]	
자두	오얏	

----

[41]　'애닯다'는 '애닯으니, 애닯아서, 애닯은' 등과 같이 활용하지 않는 고어로, 이를 대신해서 널리 쓰이는 '애달프다'(애달프니/애달파서/애달픈)를 표준어로 삼는다.

[42]　'머귀나무'가 '운향과에 딸린 갈잎 큰키나무'를 뜻할 때는 표준어의 자격을 지닌다.

제20항의 '설겆다'는 어간 '설겆-'의 활용형이 존재하지 않아 현재는 쓰이지 않는 고어로 처리하였다. 이에 따라 '설겆-'에서 파생한 '설겆이' 역시 표준어 자격을 지니지 않는다. '설거지-하다'는 명사 '설거지'에 '-하다'가 결합한 형태이다.

3.2. 제2절 한자어

어휘 선택의 변화에 따른 표준어 규정에서 두 번째로 고려할 대상은 '한자어'이다. 즉, 고유어와 한자어의 대응 관계에서 더 널리 쓰이는 어휘를 표준어로 삼는다.

> **예** ① 그는 기계에 대해서는 '까막눈'이다.
> ② 할머니 댁에 가면 할머니는 나에게 항상 '고봉밥'을 퍼주셨다.

'예①'의 '까막눈'은 고유어로, 이에 대응하는 한자어 '맹(盲)눈'보다 더 큰 세력을 얻어 표준어가 된 것이다. 반면, '예②'의 '고봉(高捧)밥'은 한자어로, 고유어인 '높은-밥'을 대신할 만큼 언중들의 선택을 받아 표준어가 된 것이다.

제21항	고유어 계열의 단어가 널리 쓰이고 그에 대응하는 한자어 계열의 단어가 용도를 잃게 된 것은, 고유어 계열의 단어만을 표준어로 삼는다.(ㄱ을 표준어로 삼고, ㄴ을 버림.)	
ㄱ	**ㄴ**	**비고**
가루-약	말-약	
구들-장	방-돌	
길품-삯	보행-삯	
까막-눈	맹-눈	
꼭지-미역[43]	총각-미역	
나뭇-갓[44]	시장-갓	
늙-다리	노닥다리	
두껍-닫이[45]	두껍-창	

---

43) 한 줌 안에 들어올 만큼을 모아서 잡아맨 미역.

44) 산의 나무나 풀 따위를 함부로 베지 못하게 단속하는 땅이나 산.

45) 미닫이를 열 때, 문짝이 옆벽에 들어가 보이지 아니하도록 만든 것.

ㄱ	ㄴ	비고
떡-암죽[46]	병-암죽	
마른-갈이[47]	건-갈이	
마른-빨래	건-빨래	
메-찰떡[48]	반-찰떡	
박달-나무	배달-나무	
밥-소라	식-소라	큰 놋그릇.
사래-논	사래-답	묘지기나 마름이 부쳐 먹는 땅.
사래-밭	사래-전	
삯-말	삯-마	
성냥	화곽	
솟을-무늬	솟을-문(-紋)	
외-지다	벽-지다	
움-파[49]	동-파	
잎담배	잎-초	
잔돈	잔-전	
조당수[50]	조-당죽	
죽데기[51]	피-죽	'죽더기'도 비표준어임.
지겟-다리	목-발	지게 동발의 양쪽 다리.
짐-꾼	부지-군(負持-)	
푼-돈	분전/푼전	
흰-말	백-말/부루-말	'백마'는 표준어임.
흰-죽	백-죽	

46) 말린 흰무리(백설기)를 빻아 묽게 쑨 죽.

47) 마른논에 물을 넣지 않고 논을 가는 일.

48) 찹쌀과 멥쌀을 섞어서 만든 시루떡.

49) 겨울에 움 속에서 자란, 빛이 누런 파.

50) 좁쌀을 물에 불린 다음 갈아서 묽게 쑨 음식.

51) 통나무의 표면에서 잘라 낸 널조각. 주로 땔감으로 쓴다.

제22항 고유어 계열의 단어가 생명력을 잃고 그에 대응하는 한자어 계열의 단어가 널리 쓰이면, 한자어 계열의 단어를 표준어로 삼는다.(ㄱ을 표준어로 삼고, ㄴ을 버림.)

ㄱ	ㄴ	비고
개다리-소반[52]	개다리-밥상	
겸-상	맞-상	
고봉-밥	높은-밥	
단-벌	홑-벌	
마방-집	마바리-집	馬房.
민망-스럽다 / 면구-스럽다	민주-스럽다	
방-고래[53]	구들-고래	
부항-단지	뜸-단지	
산-누에	멧-누에	
산-줄기	멧-줄기/멧-발	
수-삼	무-삼	
심-돋우개[54]	불-돋우개	
양-파	둥근-파	
어질-병[55]	어질-머리	
윤-달	군-달	
정력-세다	장성-세다	
제석[56]	젯-돗	
총각-무	알-무/알타리-무	
칫-솔	잇-솔	
포수	총-댕이	

---

52) 상다리 모양이 개의 다리처럼 휜 막치(되는대로 마구 만들어 질이 낮은 물건) 소반(자그마한 밥상).

53) 방의 구들장 밑으로 나 있는, 불길과 연기가 통하여 나가는 길.

54) 등잔의 심지를 돋우는 쇠꼬챙이.

55) 머리가 어지럽고 혼미하여지는 병.

56) '제석(祭席)'으로, 제사를 지낼 때 까는 돗자리.

3.3. 제3절 방언

어휘 선택의 변화에 따른 표준어 규정에서 세 번째로 고려할 대상은 '방언'[57]이다. 방언이던 단어가 언중의 세력을 얻어 표준어보다 더 널리 쓰이게 되면 표준어로 삼는다.

> **예** ① 오늘 저녁은 '멍게' 요리 어떨까요?
> ② '녹두전'과 '빈대떡'은 같은 의미의 표준어이다.

'예①'의 '멍게'와 '예②'의 '빈대떡'은 모두 방언이던 단어가 널리 쓰이게 되면서 표준어가 된 경우이다. 다만, 전자는 애초의 표준어 '우렁쉥이'도 표준어로 남겨 둔 반면, 후자는 애초의 표준어 '빈자떡'을 아예 버렸다는 점이 다르다.

제23항 방언이던 단어가 표준어보다 더 널리 쓰이게 된 것은, 그것을 표준어로 삼는다.
이 경우, 원래의 표준어는 그대로 표준어로 남겨 두는 것을 원칙으로 한다.(ㄱ을 표준어로 삼고, ㄴ도 표준어로 남겨 둠.)

ㄱ	ㄴ	비고
멍게	우렁쉥이	
물-방개	선두리	
애-순	어린-순	

제24항 방언이던 단어가 널리 쓰이게 됨에 따라 표준어이던 단어가 안 쓰이게 된 것은, 방언이던 단어를 표준어로 삼는다.(ㄱ을 표준어로 삼고, ㄴ을 버림.)

ㄱ	ㄴ	비고
귀밑-머리	귓-머리	
까-뭉개다	까-무느다	
막상	마기	
빈대-떡	빈자-떡	
생인-손[58]	생안-손	준말은 '생-손'임.

---

57) 방언은 '한 언어에서, 사용 지역 또는 사회 계층에 따라 분화된 말의 체계' 또는 '어느 한 지방에서만 쓰는, 표준어가 아닌 말'이다.

58) 손가락 끝에 종기가 나서 곪는 병.

ㄱ	ㄴ	비고
역-겹다	역-스럽다	
코-주부[59]	코-보	

3.4. 제4절 단수 표준어

제4절 단수 표준어 규정은 제2장 발음 변화에 따른 표준어 규정의 제17항(단수 표준어)과 같이 둘 또는 그 이상의 형태가 같은 의미를 지니고 쓰이기는 하지만 더 일반적으로 쓰이는 하나만 표준어로 인정한 것이다.[60]

> **예** ① '병 따위를 낫게 한다.'는 뜻의 표준어는 '고치다'이다.
> ② 그는 몹시 화가 난 듯 얼굴이 '붉으락푸르락' 달아올랐다.

'예①'의 '고치다'는 '낫우다', '예②'의 '붉으락푸르락'은 '올그락불그락, 푸르락붉으락'과 의미는 같지만 현실에서 더 널리 쓰인다는 점에서 단수 표준어로 삼았다. 즉, 언어 사용의 혼란을 막기 위해 여러 형태 중, 한 가지만 표준어로 정한 것이다.

제25항	의미가 똑같은 형태가 몇 가지 있을 경우, 그중 어느 하나가 압도적으로 널리 쓰이면, 그 단어만을 표준어로 삼는다.(ㄱ을 표준어로 삼고, ㄴ을 버림.)	
ㄱ	**ㄴ**	**비고**
-게끔	-게시리	
겸사-겸사	겸지-겸지/겸두-겸두	
고구마	참-감자	
고치다	낫우다	병을 ~.
골목-쟁이[61]	골목-자기	
광주리	광우리	

---

59) 코가 큰 사람을 놀림조로 이르는 말.

60) 제2장의 제17항과 제18항이 발음상으로 유사한 단어임에 반해 제3장의 제25항과 제26항의 단어들은 발음이나 어원의 기원을 달리하는 것들이다.

61) 골목에서 좀 더 깊숙이 들어간 좁은 곳.

ㄱ	ㄴ	비고
괴통	호구	자루를 박는 부분.
국-물	멀-국/말-국	
군-표	군용-어음	
길-잡이	길-앞잡이	'길라잡이'도 표준어임.
까다롭다	까닭-스럽다/ 까탈-스럽다[62]	
까치-발[63]	까치-다리	선반 따위를 받치는 물건.
꼬창-모	말뚝-모	꼬챙이로 구멍을 뚫으면서 심는 모.
나룻-배	나루	'나루[津]'는 표준어임.
납-도리	민-도리	
농-지거리[64]	기롱-지거리	다른 의미의 '기롱지거리'[65]는 표준어임.
다사-스럽다	다사-하다	간섭을 잘하다.
다오	다구	이리 ~.
담배-꽁초	담배-꼬투리/ 담배-꽁치/담배-꽁추	
담배-설대	대-설대	
대장-일	성냥-일	
뒤져-내다	뒤어-내다	
뒤통수-치다	뒤꼭지-치다	
등-나무	등-칡	
등-때기	등-떠리	'등'의 낮은 말.
등잔-걸이	등경-걸이	
떡-보	떡-충이	
똑딱-단추	딸꼭-단추	
매-만지다[66]	우미다	
먼-발치	먼-발치기	

---

62) '까탈스럽다'는 본래 '까다롭다'의 비표준어였으나 2017년 1월 국립국어원에서 '까다롭다'와 뜻에 차이가 있는 것으로 판단하여 표준어로 인정하였다.

63) 이의 동음이의어 '까치발'은 '발뒤꿈치를 든 발'을 의미한다.

64) 점잖지 아니하게 함부로 하는 장난이나 농담을 낮잡아 이르는 말.

65) 남을 속이거나 비웃으며 놀리는 짓을 낮잡아 이르는 말.

66) 잘 가다듬어 손질하다, 부드럽게 어루만지다.

ㄱ	ㄴ	비고
며느리-발톱[67]	뒷-발톱	
명주-붙이[68]	주-사니	
목-메다	목-맺히다	
밀짚-모자	보릿짚-모자	
바가지	열-바가지/열-박	
바람-꼭지	바람-고다리	튜브의 바람을 넣는 구멍에 붙은, 쇠로 만든 꼭지.
반-나절	나절-가웃	
반두	독대	그물의 한 가지.
버젓-이	뉘연-히	
본-받다	법-받다	
부각	다시마-자반	
부끄러워-하다	부끄리다	
부스러기	부스럭지	
부지깽이	부지팽이	
부항-단지	부항-항아리	부스럼에서 피고름을 빨아 내기 위하여 부항을 붙이는 데 쓰는, 자그마한 단지.
붉으락-푸르락	푸르락-붉으락	
비켜-덩이 또는 그 흙덩이	옆-사리미	김맬 때에 흙덩이를 옆으로 빼내는 일.
빙충-이	빙충-맞이	작은말은 '뱅충이'.
빠-뜨리다	빠-치다	'빠트리다'도 표준어임.
뻣뻣-하다	왜긋다	
뽐-내다	느물다	
사로-잠그다	사로-채우다	자물쇠나 빗장 따위를 반 정도만 걸어 놓다.
살-풀이	살-막이	
상투-쟁이	상투-꼬부랑이	상투 튼 이를 놀리는 말.
새앙-손이[69]	생강-손이	

----

67) 새끼발톱 뒤에 덧달린 작은 발톱, 말이나 소 따위 짐승의 뒷발에 달린 발톱, 새 수컷의 다리 뒤쪽에 있는 각질의 돌기물.

68) 명주실로 짠 여러 가지 피륙.

69) 손가락 모양이 생강처럼 생긴 사람.

ㄱ	ㄴ	비고
샛-별	새벽-별	
선-머슴	풋-머슴	
섭섭-하다	애운-하다	
속-말	속-소리	국악 용어 '속소리'는 표준어임.[70]
손목-시계	팔목-시계/팔뚝-시계	
손-수레	손-구루마	'구루마'는 일본어임.
쇠-고랑	고랑-쇠	
수도-꼭지	수도-고동	
숙성-하다	숙-지다	
순대	골집	
술-고래	술-꾸러기/술-부대/ 술-보/술-푸대	
식은-땀	찬-땀	
신기-롭다	신기-스럽다	'신기하다'도 표준어임.
쌍동-밤	쪽-밤	
쏜살-같이	쏜살-로	
아주	영판	
안-걸이	안-낚시	씨름 용어.
안다미-씌우다	안다미-시키다	제가 담당할 책임을 남에게 넘기다.
안쓰럽다	안-슬프다	
안절부절-못하다	안절부절-하다	
앉은뱅이-저울	앉은-저울	
알-사탕	구슬-사탕	
암-내	곁땀-내	
앞-지르다	따라-먹다	
애-벌레	어린-벌레	
얕은-꾀	물탄-꾀	
언뜻	편뜻	
언제나	노다지	

---

70) 서울·경기 지방 정통 음악의 여창(女唱)에 쓰는 창법의 하나. 비단실을 뽑아내는 듯한 가느다란 목소리를 이른다. 그리고 모음(母音)을 '속소리'라고도 한다.

ㄱ	ㄴ	비고
얼룩-말	워라-말	
-에는	-엘랑[71]	
열심-히	열심-으로	
열어-제치다	열어-젖뜨리다	
입-담	말-담	
자배기[72]	너벅지	
전봇-대	전선-대	
주책-없다	주책-이다	'주착→주책'은 제11항 참조.
쥐락-펴락	펴락-쥐락	
-지만[73]	-지만서도	←-지마는.
짓고-땡	지어-땡/짓고-땡이	
짧은-작[74]	짜른-작	
찹-쌀	이-찹쌀	
청대-콩[75]	푸른-콩	
칡-범	갈-범	

제25항 중, '농지거리'와 '속말'의 뜻으로 '기롱지거리'와 '속소리'는 비표준어이다. 그러나 '남을 속이거나 비웃으며 놀리는 짓을 낮잡아 이르는 말'의 '기롱지거리'와 국악 및 언어 용어로서의 '속소리'는 표준어에 해당한다. 이 외에 '등칡'과 '나절가웃'도 '등나무'와 '반나절'의 뜻으로는 쓰이지 못하지만 '쥐방울과에 속하는 갈잎 덩굴나무'의 '등칡'과 '하루의 3/4'을 뜻하는 '나절가웃'은 표준어이다.

한편, '까탈스럽다'와 '-엘랑'은 '까다롭다'와 '-에는'의 비표준어였다. 그러나 현재는 표준어로 바뀌었다. '주책없다'의 비표준어인 '주책이다'[76] 역시 표준어가 되었다.

---

71) 2017년 1월 국립국어원에서 표준어로 인정하였다.

72) 둥글넓적하고 아가리가 넓게 벌어진 질그릇.

73) 어미 '-지만'은 '-지마는'의 준말로 어떤 사실이나 내용을 시인하면서 그에 반대되는 내용을 말하거나 조건을 붙여 말할 때에 쓰는 연결 어미이다.

74) 길이가 짧은 화살. 주로 단궁(短弓)에 쓴다.

75) 콩의 한 품종. 열매의 껍질과 속살이 다 푸르다.

76) '주책맞다'를 사용할 수도 있다.

3.5. 제5절 복수 표준어

제5절 복수 표준어 규정은 제2장 발음 변화에 따른 표준어 규정의 제18항(복수 표준어)과 같이 널리 쓰이는 둘 또는 그 이상의 형태를 모두 표준어로 삼은 것이다.

> **예**　① 그는 부모를 잃은 '가엾은/가여운' 아이이다.
> 　　　② 그녀는 설거지를 하다가 접시를 '깨뜨렸다/깨트렸다'.

'예①'의 '가엾다'와 '가엽다'는 '마음이 아플 만큼 안되고 처연하다.'는 의미를 지니고 있고, '예②'의 '-뜨리다'와 '-트리다'는 '강조'의 뜻을 더하는 접미사이다. 이들 두 형태는 둘 다 널리 쓰이는 복수 표준어이다.

제26항 한 가지 의미를 나타내는 형태 몇 가지가 널리 쓰이며 표준어 규정에 맞으면, 그 모두를 표준어로 삼는다.

복수 표준어	비고
가는-허리/잔-허리	
가락-엿/가래-엿	
가뭄/가물	
가엾다/가엽다	가엾어/가여워, 가엾은/가여운.
감감-무소식/감감-소식	
개수-통/설거지-통	'설겆다'는 '설거지-하다'로.
개숫-물/설거지-물	
갱-엿/검은-엿	
-거리다/-대다	가물-, 출렁-.
거위-배/횟-배[77]	
것/해	내 ~, 네 ~, 뉘 ~.
게을러-빠지다/게을러-터지다	
고깃-간/푸줏-간	'고깃-관, 푸줏-관, 다림-방'은 비표준어임.[78]
곰곰/곰곰-이	
관계-없다/상관-없다	

----

77) 회충으로 인한 배앓이.

78) '푸줏간'의 의미로 사용하는 '다림방'은 비표준어이지만 '다리미질을 하도록 꾸며 놓은 방'의 '다림방'은 표준어이다.

복수 표준어	비고
교정-보다/준-보다	
구들-재/구재	
귀퉁-머리/귀퉁-배기	'귀퉁이'의 비어임.
극성-떨다/극성-부리다	
기세-부리다/기세-피우다	
기승-떨다/기승-부리다	
깃-저고리/배내-옷/배냇-저고리	
까까-중/중-대가리	'까까중이'는 비표준어임.[79]
꼬까/때때/고까	~신, ~옷.
꼬리-별/살-별[80]	
꽃-도미/붉-돔	
나귀/당-나귀	
날-걸/세-뿔	윷판의 쨀밭 다음의 셋째 밭.
내리-글씨/세로-글씨	
넝쿨/덩굴	'덩쿨'은 비표준어임.
녘/쪽	동~, 서~.
눈-대중/눈-어림/눈-짐작	
느리-광이/느림-보/늘-보	

---

79) 현재 '까까중이'와 '까까중'은 복수 표준어이다.

80) 가스 상태의 빛나는 긴 꼬리를 끌고 태양을 초점으로 긴 타원이나 포물선에 가까운 궤도를 그리며 운행하는 천체. '혜성'과 같은 말이다.

복수 표준어	비고
늦-모/마냥-모[81]	←만이앙-모.
다기-지다/다기-차다[82]	
다달-이/매-달	
-다마다/-고말고[83]	
다박-나룻/다박-수염[84]	
닭의-장/닭-장	
댓-돌/툇-돌[85]	
덧-창/겉-창	
독창-치다/독판-치다[86]	
동자-기둥/쪼구미[87]	
돼지-감자/뚱딴지	
되우/된통/되게[88]	
두동-무니/두동-사니	윷놀이에서, 두 동이 한데 아울려 가는 말.
뒷-갈망/뒷-감당	
뒷-말/뒷-소리	
들락-거리다/들랑-거리다	
들락-날락/들랑-날랑	
딴-전/딴-청	
땅-콩/호-콩	
땔-감/땔-거리	
-뜨리다/-트리다	깨-, 떨어-, 쏟-.

81) 제철보다 늦게 내는 모. 늦모내기를 할 때에는 매우 바쁘고 사람 손이 모자람을 뜻하는 속담에 "마냥모 판에는 뒷방 처녀도 나선다."가 있다.

82) 마음이 굳고 야무지다.

83) 상대편의 물음에 대하여 긍정의 뜻을 강조하여 나타낼 때 쓰는 종결 어미.
(가) 내일 시험 보는 것 알아요? (나) 그럼, 알다마다(알고말고).

84) 다보록하게(1. 풀이나 작은 나무 따위가 탐스럽게 소복하다. 2. 수염이나 머리털 따위가 짧고 촘촘하게 많이 나서 소담하다.) 난 짧은 수염.

85) 집채의 낙숫물이 떨어지는 곳 안쪽으로 돌려 가며 놓은 돌.

86) 어떠한 판을 혼자서 휩쓸다.

87) 들보 위에 세우는 짧은 기둥.

88) 아주 몹시.

복수 표준어	비고
뜬-것/뜬-귀신[89]	
마룻-줄/용총-줄	돛대에 매어 놓은 줄. '이어줄'은 비표준어임.
마-파람/앞-바람	
만장-판/만장-중(滿場中)[90]	
만큼/만치	
말-동무/말-벗	
매-갈이/매-조미[91]	
매-통/목-매[92]	
먹-새/먹음-새[93]	'먹음-먹이'는 비표준어임.
멀찌감치/멀찌가니/멀찍이	
멱통/산-멱/산-멱통[94]	
면-치레/외면-치레	
모-내다/모-심다	모-내기, 모-심기.
모쪼록/아무쪼록	
목판-되/모-되[95]	
목화-씨/면화-씨	
무심-결/무심-중	
물-봉숭아/물-봉선화	
물-부리/빨-부리[96]	
물-심부름/물-시중	
물추리-나무/물추리-막대[97]	

---

89) 떠돌아다니는 못된 귀신.

90) 많은 사람이 모인 곳. 또는 그 많은 사람.

91) 벼를 매통에 갈아서 왕겨만 벗기고 속겨는 벗기지 아니한 쌀을 만드는 일.

92) 곡물의 껍질을 벗기는 농기구.

93) 음식을 먹는 태도. 또는 음식을 먹는 분량.

94) 살아 있는 동물의 목구멍.

95) 네 모가 반듯하게 된 되(곡식, 가루, 액체 따위를 담아 분량을 헤아리는 데 쓰는 그릇). 예전에 쓰던 되가 아니고 근래에 나왔다.

96) 담배를 끼워서 빠는 물건.

97) 쟁기의 성에 앞 끝에 가로로 박은 막대기.

복수 표준어	비고
물-타작/진-타작[98]	
민둥-산/벌거숭이-산	
밑-층/아래-층	
바깥-벽/밭-벽	
바른/오른(右)	~손, ~쪽, ~편.
발-모가지/말-목쟁이	'말복'의 비속어임.
버들-강아지/버들-개지	
벌레/버러지	'벌거지, 벌러지'는 비표준어임.
변덕-스럽다/변덕-맞다	
보-조개/볼-우물	
보통-내기/여간-내기/예사-내기	'행-내기'는 비표준어임.
볼-따구니/볼-퉁이/볼-때기	'볼'의 비속어임.
부침개-질/부침-질/지짐-질	
불똥-앉다/등화-지다/등화-앉다[99]	
불-사르다/사르다	
비발/비용(費用)	
뾰두라지/뾰루지	
살-쾡이/삵	삵-피.[100]
삽살-개/삽사리	
상두-꾼/상여-꾼	'상도-꾼, 향도-꾼'은 비표준어임.
상-씨름/소-걸이[101]	
생/새앙/생강	
생-뿔/새앙-뿔/생강-뿔[102]	'쇠뿔'의 형용.
생-철/양-철[103]	1. '서양철'은 비표준어임. 2. '生鐵'은 '무쇠'임.

98) 베어 말릴 사이 없이 물벼 그대로 이삭을 떨어서 낟알을 거둠. 또는 그 타작 방법.

99) 심지 끝에 등화(촛불의 심지 끝이 타서 맺힌 불똥)가 생기다.

100) '삵皮', 털째로 벗긴 살쾡이의 가죽.

101) 씨름판에서 결승을 다투는 씨름.

102) 생강 뿌리의 삐죽삐죽 돋아 있는 부분. 두 개가 모두 생강처럼 짧게 난 소의 뿔.

103) '生鐵', 안팎에 주석을 입힌 얇은 철판. 통조림통이나 석유통 따위를 만드는 데에 쓴다.

복수 표준어	비고
서럽다/섧다	'설다'는 비표준어임.
서방-질/화냥-질	
성글다/성기다	
-(으)세요/-(으)셔요	
송이/송이-버섯	
수수-깡/수숫-대	
술-안주/안주	
-스레하다/-스름하다[104]	거무-, 발그-.
시늉-말/흉내-말	
시새/세사(細沙)[105]	
신/신발	
신주-보/독보(獨保)[106]	
심술-꾸러기/심술-쟁이	
씁쓰레-하다/씁쓰름-하다	
아귀-세다/아귀-차다[107]	
아래-위/위-아래	
아무튼/어떻든/어쨌든/하여튼/여하튼	
앉음-새/앉음-앉음	
알은-척/알은-체	
애-갈이/애벌-갈이[108]	
애꾸눈-이/외눈-박이	'외대-박이, 외눈-퉁이'는 비표준어임.
양념-감/양념-거리	
어금버금-하다/어금지금-하다[109]	
어기여차/어여차	
어림-잡다/어림-지다	

104) ((빛깔이나 형상을 나타내는 어근 뒤에 붙어))'빛깔이 옅거나 그 형상과 비슷하다'의 뜻을 더하는 접미사.

105) 가늘고 고운 모래.

106) 예전에, 신주(죽은 사람의 위패)를 모셔 두는 나무 궤를 덮던 보.

107) 마음이 굳세어 남에게 잘 꺾이지 아니하다.

108) 논이나 밭을 첫 번째 가는 일.

109) 서로 엇비슷하여 정도나 수준에 큰 차이가 없다.

복수 표준어	비고
어이-없다/어처구니-없다	
어저께/어제	
언덕-바지/언덕-배기	
얼렁-뚱땅/엄벙-뗑	
여왕-벌/장수-벌	
여쭈다/여쭙다	
여태/입때	'여직'은 비표준어임.
여태-껏/이제-껏/입때-껏	'여직-껏'은 비표준어임.
역성-들다/역성-하다	'편역-들다'는 비표준어임.
연-달다/잇-달다	
엿-가락/엿-가래	
엿-기름/엿-길금	
엿-반대기/엿-자박[110]	
오사리-잡놈/오색-잡놈[111]	'오합-잡놈'은 비표준어임.
옷수수/강냉이	~떡, ~묵, ~밥, ~튀김.
왕골-기직/왕골-자리	
외겹-실/외올-실/홑-실	'홑겹-실, 올-실'은 비표준어임.
외손-잡이/한손-잡이	
욕심-꾸러기/욕심-쟁이	
우레/천둥	우렛-소리/천둥-소리.
우지/울-보	
을러-대다/을러-메다[112]	
의심-스럽다/의심-쩍다	
-이에요/-이어요	
이틀-거리/당-고금	학질의 일종임.
일일-이/하나-하나	
일찌감치/일찌거니	

110) 둥글넓적하게 반대기처럼 만든 엿.

111) 온갖 못된 짓을 거침없이 하는 잡놈.

112) 위협적인 언동으로 을러서 남을 억누르다.

복수 표준어	비고
입찬-말/입찬-소리[113]	
자리-옷/잠-옷	
자물-쇠/자물-통	
장가-가다/장가-들다	'서방-가다'는 비표준어임.
재롱-떨다/재롱-부리다	
제-가끔/제-각기	
좀-처럼/좀-체	'좀-체로, 좀-해선, 좀-해'는 비표준어임.
줄-꾼/줄-잡이[114]	
중신/중매	
짚-단/짚-못	
쪽/편	오른~, 왼~.
차차/차츰	
책-씻이/책-거리[115]	
척/체	모르는 ~, 잘난 ~.
천연덕-스럽다/천연-스럽다	
철-따구니/철-딱서니/철-딱지	'철-때기'는 비표준어임.
추어-올리다/추어-주다	
축-가다/축-나다	
침-놓다/침-주다	
통-꼭지/통-젖	통에 붙는 손잡이.
피자-쟁이/해자-쟁이	점치는 이.
편지-투/편지-틀	
한턱-내다/한턱-하다	
해웃-값/해웃-돈[116]	'해우-차'는 비표준어임.
혼자-되다/홀로-되다	
흠-가다/흠-나다/흠-지다	

---

113) 자기의 지위나 능력을 믿고 지나치게 장담하는 말.

114) 가래질을 할 때, 줄을 잡아당기는 사람. 줄모를 심을 때, 줄을 대 주는 일꾼.

115) 글방 따위에서 학생이 책 한 권을 다 읽어 떼거나 다 베껴 쓰고 난 뒤에 선생과 동료들에게 한턱내는 일.

116) 기생, 창기 따위와 관계를 가지고 그 대가로 주는 돈.

26항 중, '가뭄'과 '가물'은 '오랫동안 계속하여 비가 내리지 않아 메마른 날씨'를 뜻하는 복수 표준어이다. '가뭄'은 동사 '가물다'의 어간 '가물-'에 접사 '-ㅁ'이 결합한 파생 명사인 반면, '가물'은 '가물다'의 어간에서 파생된 명사이다. 현재 '가뭄'의 형태가 더 일반적으로 쓰이기는 하지만 '가물'의 형태도 그 명맥을 유지하고 있다.

복수 표준어 '바깥벽'과 '밭벽'은 '건물 바깥쪽을 둘러싸고 있는 벽'을 뜻하는 단어이다. 이때 '밭'은 '바깥'이 줄어든 형태이다. 즉, '바깥다리'의 줄임 형태는 '밭다리'로 표기한다.[117]

복수 표준어 '알은척'과 '알은체'는 '어떤 일에 관심을 가지는 태도를 보임'이나 '사람을 보고 인사하는 표정을 지음'을 뜻하는 명사이다. 그리고 '척'과 '체'는 '그럴듯하게 꾸미는 거짓 태도나 모양'을 뜻하는 의존 명사이다. 한편, '척하다'와 '체하다'는 '앞말이 뜻하는 행동이나 상태를 거짓으로 그럴듯하게 꾸밈을 나타내는 말'의 보조 동사이다.

❶ 친구가 먼저 나에게 알은척[체]했다. : 명사
❷ 그는 나를 보고도 못 본 척[체] 딴전만 피웠다. : 의존 명사
❸ 공부하는 척[체]하다. : 보조 동사

복수 표준어 '한턱내다'와 '한턱하다'의 '한턱'은 '한바탕 남에게 음식을 대접하는 일'을 뜻하는 명사이다. 명사 '한턱'은 '내다'(먹을 것이나 마실 것을 대접하려고 제공하다.)와 '하다'(음식, 물 따위를 먹거나 마시거나 담배 따위를 피우다.)와 결합하여 동사로 기능한다. 한편, 일상 언어생활에서 자주 사용하는 '한턱 쏘다'는 비표준어로, 사용할 수 없는 표현이다. 다만, '다른 사람에게 베풀거나 내다.'라는 뜻을 나타내는 '쓰다'를 연결한 관용 표현으로 '한턱 쓰다'는 사용할 수 있다.

다음으로, 복수 표준어 '-뜨리다/-트리다', '-(으)세요/-(으)셔요', '-이에요/-이어요'에 대해 살펴보기로 하자.

첫째, '-뜨리다/-트리다'는 몇몇 동사의 '-아/어' 연결형 또는 어간 뒤에 붙어 '강조'의 뜻을 더하는 접미사이다. '터뜨리다/터트리다', '넘어뜨리다 / 넘어트리다', '떨어뜨리다/떨어트리다', '무너뜨리다 / 무너트리다' 등의 표현이 가능하다.

---

117) '밭-'은 '바깥'의 뜻을 더하는 접두사이다.

둘째, '-(으)세요/-(으)셔요'[118]는 'ㄹ'을 제외한 받침 있는 용언의 어간 뒤에 붙는 해요체의 종결 어미이다.

❶ 이리 앉으세요/앉으셔요.
❷ 새해 복 많이 받으세요/받으셔요.
❸ 손주를 보시니 그렇게 좋으세요/좋으셔요?

셋째, '-이에요/-이어요'는 서술격 조사 '-이(다)'와 종결 어미 '-에요/-어요'가 결합한 구조이다. 따라서 명사는 '-이에요/-이어요'와 만나 서술어로 기능하게 되며, 용언의 어간은 어미 '-에요/-어요'와 만나 서술어가 된다.

1) 명사 + '-이에요/-이어요' 구조

❶ 받침이 있는 명사: 이것은 <u>책상</u>이다.
  { 이것은 책상이에요. → 책상이에요(×)
    이것은 책상이어요. → 책상이여요(×) }

❷ 받침이 없는 명사: 이것은 <u>의자</u>(이)다.
  { 이것은 의자이에요. → 의자예요(○)
    이것은 의자이어요. → 의자여요(○) }

인명일 경우, 받침이 있을 때에는 '-이'가 덧붙으므로(민영→민영이) 받침이 없는 체언과 같아져서 '민영이예요', '영희예요'가 된다.

2) 어간 + '-에요/-어요' 구조

❸ '아니다': 나는 학생이 <u>아니다</u>.
  { 나는 학생이 아니에요. → 아녜요.(○)
    *나는 학생이 아니예요. }
  { 나는 학생이 아니어요. → 아녀요.(○)
    *나는 학생이 아니녀요. }

결론적으로 받침이 있는 말 다음에는 '책상이에요/책상이어요', 받침이 없을 때에는 '의자예요', '아니다' 다음에는 '아니에요/아녜요'를 사용할 수 있다.

---

118) '-(으)세요'는 '-으시에요'의 준말, '-(으)셔요'는 '-으시어요'의 준말이다.

☺ 현재 표준어와 같은 뜻으로 추가로 표준어로 인정한 것[11개]

현재 표준어	간지럽히다	남사스럽다	등물	맨날	못자리	복숭아뼈
추가된 표준어	**간질이다**	**남우세스럽다**	**목물**	**만날**	**묏자리**	**복사뼈**

현재 표준어	세간살이	쌈싸름하다	토란대	흙담	허접쓰레기
추가된 표준어	**세간**	**쌈싸래하다**	**고운대**	**토담**	**허섭스레기**

☺ 현재 표준어와 별도의 표준어로 추가로 인정한 것[25개]

현재 표준어	~기에	~길래: '~기에'의 구어적 표현.
추가된 표준어	**~길래**	

현재 표준어	괴발개발	괴발개발은 '고양이의 발과 개의 발'이라는 뜻.
추가된 표준어	**개발새발**	개발새발은 '개의 발과 새의 발'이라는 뜻.

현재 표준어	날개	'나래'는 '날개'의 문학적 표현.
추가된 표준어	**나래**	

현재 표준어	냄새	'내음'은 향기롭거나 나쁘지 않은 냄새로 제한됨.
추가된 표준어	**내음**	

현재 표준어	떨어뜨리다	'떨구다'에 '시선을 아래로 향하다'라는 뜻이 있음.
추가된 표준어	**떨구다**	

현재 표준어	뜰	'뜨락'에는 추상적 공간을 비유하는 뜻이 있음.
추가된 표준어	**뜨락**	

현재 표준어	먹을거리	먹거리: 사람이 살아가기 위하여 먹는 음식을 통틀어 이름.
추가된 표준어	**먹거리**	

현재 표준어	메우다	'메꾸다'에 '무료한 시간을 적당히 또는
추가된 표준어	**메꾸다**	그럭저럭 흘러가게 하다.'라는 뜻이 있음.

현재 표준어	손자(孫子)	손자: 아들의 아들. 또는 딸의 아들.
추가된 표준어	**손주**	손주: 손자와 손녀를 아울러 이르는 말.

현재 표준어	어수룩하다	'어수룩하다'는 '순박함/순진함'의 뜻이 강한 반면에, '어리숙하다'는 '어리
추가된 표준어	**어리숙하다**	석음'의 뜻이 강함.

현재 표준어	연방	'연신'이 반복성을 강조한다면, '연방'은 연속성을 강조.
추가된 표준어	**연신**	

현재 표준어	횡허케	횡허케: '횡하니'의 예스러운 표현.
추가된 표준어	**횡하니**	

현재/추가 표준어	거치적거리다/**걸리적거리다**, 끼적거리다/**끄적거리다**, 바동바동/**바둥바둥**, 두루뭉술하다/**두리뭉실하다**, 맨송맨송/**맨숭맨숭**, **맹숭맹숭**, 새치름하다/**새초롬하다**, 아옹다옹/**아웅다웅**, 야멸치다/**야멸차다**, 오순도순/**오손도손**, 찌뿌듯하다/**찌뿌둥하다**, 치근거리다/**추근거리다**.
	자음 또는 모음의 차이로 인한 어감 및 뜻 차이 존재.

☺ 두 가지 표기를 모두 표준어로 인정한 것(3개)

현재 표준어	태껸	품세	자장면
추가된 표준어	**택견**	**품새**	**짜장면**

참고자료 02   **2014년도 추가 표준어**

☺ 두 가지 표기를 모두 표준어로 인정한 것(3개)

현재 표준어	구안괘사	굽실	눈두덩	삐치다	작장초
추가된 표준어	**구안와사**	**굽신***	**눈두덩이**	**삐지다**	**초장초**

* '굽신'이 표준어로 인정됨에 따라, '굽신거리다, 굽신대다, 굽신하다, 굽신굽신, 굽신굽신하다' 등도 표준어로 함께 인정됨.

☺ 현재 표준어와 뜻이나 어감이 차이가 나는 별도의 표준어로 인정한 것(8개)

현재 표준어	개개다	개개다: 성가시게 달라붙어 손해를 끼치다.
추가된 표준어	**개기다**	개기다: (속되게) 명령이나 지시를 따르지 않고 버티거나 반항하다.

현재 표준어	꾀다	꾀다: 그럴듯한 말이나 행동으로 남을 속이거나 부추겨서 자기 생각대로 끌다.
추가된 표준어	**꼬시다**	꼬시다: '꾀다'를 속되게 이르는 말.

현재 표준어	장난감	장난감: 아이들이 가지고 노는 여러 가지 물건.
추가된 표준어	**놀잇감**	놀잇감: 놀이 또는 아동 교육 현장 따위에서 활용되는 물건이나 재료.

현재 표준어	딴죽	딴죽: 이미 동의하거나 약속한 일에 대하여 딴전을 부림을 비유적으로 이르는 말.
추가된 표준어	**딴지**	딴지: ((주로 '걸다, 놓다'와 함께 쓰여)) 일이 순순히 진행되지 못하도록 훼방을 놓거나 어기대는 것.

현재 표준어	사그라지다	사그라지다: 삭아서 없어지다.
추가된 표준어	**사그라들다**	사그라들다: 삭아서 없어져 가다.

현재 표준어	섬뜩	섬뜩: 갑자가 소름이 끼치도록 무섭고 끔찍한 느낌이 드는 모양.
추가된 표준어	**섬찟***	섬찟: 갑자기 소름이 끼치도록 무시무시하고 끔찍한 느낌이 드는 모양. * '섬찟'이 표준어로 인정됨에 따라, '섬찟하다, 섬찟섬찟, 섬찟섬찟하다' 등도 표준어로 함께 인정됨.

현재 표준어	속병	속병: 「1」몸속의 병을 통틀어 이르는 말. 「2」'위장병01'을 일상적으로 이르는 말. 「3」화가 나거나 속이 상하여 생긴 마음의 심한 아픔.
추가된 표준어	**속앓이**	속앓이: 「1」속이 아픈 병. 또는 속에 병이 생겨 아파하는 일. 「2」겉으로 드러내지 못하고 속으로 걱정하거나 괴로워하는 일.

현재 표준어	허접스럽다	허접스럽다: 허름하고 잡스러운 느낌이 있다.
추가된 표준어	**허접하다**	허접하다: 허름하고 잡스럽다.

☺ 복수 표준어: 현재 표준어와 같은 뜻을 가진 표준어로 인정한 것(4개)

현재 표준어	마을	'이웃에 놀러 다니는 일'의 의미에 한하여 표준어로 인정함. '여러 집이 모여 사는 곳'의 의미로 쓰인 '마실'은 비표준어임.
추가된 표준어	**마실**	(예문) 나는 아들의 방문을 열고 이모네 **마실** 갔다 오마고 말했다.

현재 표준어	예쁘다	'이쁘장스럽다, 이쁘장스레, 이쁘장하다, 이쁘디이쁘다'도 표준어로 인정함.
추가된 표준어	**이쁘다**	(예문) 어이구, 내 새끼 **이쁘기도** 하지.

현재 표준어	차지다	사전에서 <'차지다'의 원말>로 풀이함.
추가된 표준어	**찰지다**	(예문) 화단의 **찰진** 흙에 하얀 꽃잎이 화사하게 떨어져 날리곤 했다.

현재 표준어	-고 싶다	사전에서 <'-고 싶다'가 줄어든 말>로 풀이함.
추가된 표준어	**-고프다**	(예문) 그 아이는 엄마가 **보고파** 앙앙 울었다.

☺ 복수 표준어: 현재 표준어와 같은 뜻을 가진 표준어로 인정한 것(4개)

현재 표준어	가오리연	가오리연: 가오리 모양으로 만들어 꼬리를 길게 단 연. 띄우면 오르면서 머리가 아래위로 흔들린다.
추가된 표준어	**꼬리연**	꼬리연: 긴 꼬리를 단 연. (예문) 행사가 끝날 때까지 하늘을 수놓았던 대형 **꼬리연도** 비상을 꿈꾸듯 끊임없이 창공을 향해 날아올랐다.

현재 표준어	의논	의논(議論): 어떤 일에 대하여 서로 의견을 주고 받음.
추가된 표준어	**의론**	의론(議論): 어떤 사안에 대하여 각자의 의견을 제기함. 또는 그런 의견. (예문) 이러니저러니 **의론이** 분분하다.

현재 표준어	이키	이키: 당황하거나 놀랐을 때 내는 소리. '이끼'보다 거센 느낌을 준다.
추가된 표준어	**이크**	이크: 당황하거나 놀랐을 때 내는 소리. '이키'보다 큰 느낌을 준다. (예문) **이크**, 이거 큰일 났구나 싶어 허겁지겁 뛰어갔다.

현재 표준어	잎사귀	잎사귀: 낱낱의 잎. 주로 넓적한 잎을 이른다.
추가된 표준어	**잎새**	잎새: 나무의 잎사귀. 주로 문학적 표현에 쓰인다. (예문) **잎새가** 몇 개 남지 않은 나무들이 창문 위로 뻗어올라 있었다.

현재 표준어	푸르다	푸르다: 맑은 가을 하늘이나 깊은 바다, 풀의 빛깔과 같이 밝고 선명하다. 푸르르다: '푸르다'를 강조할 때 이르는 말. (예문) 겨우내 찌푸리고 있던 잿빛 하늘이 **푸르르게** 맑아 오고 어디선지도 모르게 흙냄새가 뭉클하니 풍겨 오는 듯한 순간 벌써 봄이 온 것을 느낀다.
추가된 표준어	**푸르르다**	

☺ 복수 표준어: 현재 표준적인 활용형과 용법이 같은 활용형으로 인정한 것(2개)

현재 표준어	추가된 표준어	비고
마 마라	**말아** **말아라**	'말다'에 명령형 어미 '-아', '-아라', '-아요' 등이 결합할 때는 어간 끝의 'ㄹ'이 탈락하기도 하고 탈락하지 않기도 함.
노라네 동그라네	**노랗네** **동그랗네**	ㅎ 불규칙 용언이 어미 '-네'와 결합할 때는 어간 끝의 'ㅎ'이 탈락하기도 하고 탈락하지 않기도 함. 모든 ㅎ 불규칙 용언의 활용형에 적용.

☺ 추가 표준어(4항목)

현재 표준어	추가된 표준어	비고
거방지다	**걸판지다**	**거방지다** [형용사] ① 몸집이 크다. ② 하는 짓이 점잖고 무게가 있다. ③ =걸판지다①. **걸판지다** [형용사] ① 매우 푸지다. ¶ 술상이 **걸판지다** / 마침 눈먼 돈이 생긴 것도 있으니 오늘 저녁은 내가 **걸판지게** 사지. ② 동작이나 모양이 크고 어수선하다. ¶ 싸움판은 자못 **걸판져서** 구경거리였다. / 소리판은 옛날이 **걸판지고** 소리할 맛이 났었지.
건울음	**겉울음**	**건울음** [명사] =강울음. **강울음** [명사] 눈물 없이 우는 울음. 또는 억지로 우는 울음.

현재 표준어	추가된 표준어	비고
건울음	**겉울음**	**겉울음** [명사] ① 드러내 놓고 우는 울음. ¶ 꼭꼭 참고만 있다 보면 간혹 속울음이 **겉울음으로** 터질 때가 있다. ② 마음에도 없이 겉으로만 우는 울음. ¶ 눈물도 안 나면서 슬픈 척 **겉울음** 울지 마.

| 까다롭다 | 까탈스럽다 | 까다롭다 [형용사]
① 조건 따위가 복잡하거나 엄격하여 다루기에 순탄하지 않다.
② 성미나 취향 따위가 원만하지 않고 별스럽게 까탈이 많다.

까탈스럽다 [형용사]
① 조건, 규정 따위가 복잡하고 엄격하여 적응하거나 적용하기에 어려운 데가 있다. '가탈스럽다①'보다 센 느낌을 준다.
   ¶ 까탈스러운 공정을 거치다 / 규정을 까탈스럽게 정하다 /
     가스레인지에 길들여진 현대인들에게 지루하고 까탈스러운 숯 굽기 작업은 쓸데없는 시간 낭비로 비칠 수도 있겠다.
② 성미나 취향 따위가 원만하지 않고 별스러워 맞춰 주기에 어려운 데가 있다. '가탈스럽다②'보다 센 느낌을 준다.
   ¶ 까탈스러운 입맛 / 성격이 까탈스럽다 /
     딸아이는 사 준 옷이 맘에 안 든다고 까탈스럽게 굴었다.
※ 같은 계열의 '가탈스럽다'도 표준어로 인정함. |
| 실몽당이 | **실뭉치** | 실몽당이 [명사] 실을 풀기 좋게 공 모양으로 감은 뭉치.

실뭉치 [명사] 실을 한데 뭉치거나 감은 덩이.
   ¶ 뒤엉킨 실뭉치 / 실뭉치를 풀다 /
     그의 머릿속은 엉클어진 실뭉치같이 갈피를 못 잡고 있었다. |

현재 표준어	추가된 표준어	비고

에는	**엘랑**	• 표준어 규정 제25항에서 '에는'의 비표준형으로 규정해 온 '엘랑'을 표준형으로 인정함.
		• '엘랑' 외에도 'ㄹ랑'에 조사 또는 어미가 결합한 '에설랑, 설랑, -고설랑, -어설랑, -질랑'도 표준형으로 인정함.
		• '엘랑, -고설랑' 등은 단순한 조사 / 어미 결합형이므로 사전 표제어로는 다루지 않음.
		(예문) 서울**엘랑** 가지를 마오.
		    실**에설랑** 떠들지 마라.
		    나를 앞에 앉혀놓**고설랑** 자기 아들 자랑만 하더라.

현재 표준어	추가된 표준어	비고
주책없다	**주책이다**	• 표준어 규정 제25항에 따라 '주책없다'의 비표준형으로 규정해 온 '주책이다'를 표준형으로 인정함. • '주책이다'는 '일정한 줏대가 없이 되는대로 하는 짓'을 뜻하는 '주책'에 서술격조사 '이다'가 붙은 말로 봄. • '주책이다'는 단순한 명사+조사 결합형이므로 사전 표제어로는 다루지 않음. (예문) 이제 와서 오래 전에 헤어진 그녀를 떠올리는 나 자신을 보며 '나도 참 **주책이군**' 하는 생각이 들었다.

제3장 표준 발음법

1. 표준 발음의 정의

'표준어 규정'은 '표준어 사정의 원칙'과 '표준 발음법'으로 구성되어 있다. 제2장에서 표준어 사정의 원칙을 살폈기에 본 장에서는 '표준 발음법'을 살피고자 한다.

표준 발음법은 어떤 언어를 사용할 때, 발음에서 지켜야 하는 규칙과 규범이며, 표준 발음은 표준어의 발음을 뜻한다.[1]

2. 표준 발음의 체계

표준 발음법은 모두 7장 30항으로 구성되어 있고, 각 장의 중심 내용은 다음과 같다.

장(내용)		항
제1장	총칙	제1항
제2장	자음과 모음	제2항~제5항
제3장	소리의 길이	제6항~제7항
제4장	받침의 동화	제8항~제9항
제5장	소리의 동화	제10항~제22항
제6장	된소리되기	제23항~제28항
제7장	소리의 첨가	제29항~제30항

제1장 총칙은 표준 발음법의 대원칙을 밝히고 있다. 제2장은 자음, 모음의 수와 순서를 규정하고, 단모음과 이중 모음의 발음을 다루고 있다. 제3장은 한국어의 초분절음운인 음의 장단 구별에 대한 규정이다. 제4장은 한국어의 음절 말 자음에 대한 규정이다. 제5장은 소리의 동화 중, '구개음화'와 '비음화' 그리고 '유음화'에 대해 설명하고 있으며, 뒤를 이어 표준 발음으로 인정하지 않는 동화에 대해 규정하고 있다. 제6장은 필수적 경음화와 수의적 경음화에 대해 다루고 있다. 마지막 제7장은 합성어나 파생어에서 'ㄴ'소리, 'ㅅ'소리가 덧나는 현상에 대해 규정하고 있다.

---

[1] 동일 언어 공동체 안에서 지역적, 사회적 차이를 초월하여 널리 공통되는 발음을 표준적인 발음이라 한다. 그런데 표준어가 국민의 언어 현상을 통일하려는 목적 하에 제정되는 것이므로, 표준 발음은 언중(言衆) 곧, 국민의 언어 행위에 있어서 가장 이상적인 것으로 규범화된 발음이라고 정의할 수 있다(강희숙, 2004:304).

3. 표준 발음의 내용

3.1. 제1장 총칙

표준 발음법의 제1장 '총칙'은 표준어의 발음법에 대한 대원칙을 정한 것이다. 그 구체적 내용은 다음과 같다.

> **제1항** 표준 발음법은 ①표준어의 실제 발음을 따르되, 국어의 ②전통성과 ③합리성을 고려하여 정함을 원칙으로 한다.

제1항의 내용 속에는 세 가지의 조건이 들어 있다. 첫째, 표준어의 실제 발음을 따른다. 둘째, 국어의 전통성을 고려한다. 셋째, 국어의 합리성을 고려한다.

첫째, '표준어의 실제 발음을 따른다.'는 것은 '교양 있는 사람들이 두루 쓰는 현대 서울말의 발음'을 기준으로 한다는 뜻이다. 왜냐하면, 표준어 사정 원칙 제1장 제1항에서 "표준어는 교양 있는 사람들이 두루 쓰는 현대 서울말로 정함을 원칙으로 한다."라고 규정하고 있기 때문이다. 국어 어문 규정집(1988:233~234)에서는 체언과 용언의 겹받침을 예시로 이를 설명하고 있다.

먼저, 체언의 겹받침 'ㄺ'과 'ㅄ'의 표준 발음에 대해 생각해 보자.

❶ 흙[흑]: 흙도, 흙만, 흙이
❷ 값[갑]: 값도, 값만, 값이

겹받침 'ㄺ'과 'ㅄ'의 대표 발음은 [ㄱ]과 [ㅂ]이다. 그러나 자음으로 시작하는 조사가 올 경우에는 음운론적 환경에 따라 실제 발음이 달라진다. 즉, 'ㄷ'과 만나면 [흑또], [갑또]처럼 대표음으로 발음되지만, 비음 'ㅁ' 앞에서는 [흥만], [감만]으로 발음된다. 또한 모음으로 시작하는 조사와 결합할 때에는 [흘기], [갑씨]처럼 본음 'ㄺ, ㅄ'을 모두 발음한다. 이처럼 실제 발음에 따라 표준 발음을 정한다.[2]

----

2) 용언 어간의 겹받침 'ㄺ' 역시 후행하는 환경에 따라 다양한 발음으로 실현된다. 예들 들어, '늙고, 늙거나, 늙게'와 같이 'ㄱ'으로 시작된 어미와 결합하면 [늘꼬], [늘꺼나], [늘께]와 같이 'ㄹ'만 발음한다. 그러나 '늙은, 늙으면, 늙어'처럼 모음으로 시작된 어미와 결합하면 [늘근], [늘그면], [늘거]와 같이 겹받침 'ㄺ'을 모두 발음한다. 마지막으로 '늙소, 늙더니, 늙지'처럼 'ㅅ, ㄷ, ㅈ'으로 시작된 어미와 결합하면 [늑쏘], [늑떠니], [늑찌]처럼 'ㄱ'만 발음한다. 이처럼 겹받침 'ㄺ'이 여러 발음으로 실현되는 것이 현대 서울에서의 표준 발음인 것이다.

둘째, '전통성을 따른다.'는 것은 한국어의 역사적 전통에 근거하여 발음한다는 뜻이다. 이의 대표적 사례가 음의 '장단' 구별이다. 대부분의 사람들이 발음만으로 의미 차이를 알지 못하는 '밤(夜):밤(栗), 말(言):말(馬), 눈(雪):눈(眼)' 등을 일부 장년층에서는 구별한다. 이 경우, 길고 짧게 발음하는 것은 역사적으로 소리의 높이나 길이를 구별해 온 한국어의 전통으로서, 이를 표준 발음에서 다루고 있다.

셋째, '합리성을 고려한다.'는 것은 한국어의 규칙에 따라 표준 발음을 정한다는 뜻이다. 일부 예외가 있기는 하지만, 긴소리의 단음절 용언 어간이 모음 어미와 결합하면 짧게 발음되는 현상(알고[알:고], 알아[아라] 등)이 나타난다. 이러한 규칙에 따라 단음으로 발음하는 어법을 규정화하고 있다. 그러나 합리성을 고려하여 표준 발음법을 정하는 것이 쉽지 않은 경우 또한 존재한다. 다음 두 단어의 표준 발음이 정해지는 과정을 살펴보기로 하자.

	멋있다	맛있다	비고
발음 ①	[머딛따]	[마딛따]	원칙 발음
발음 ②	[머싣따]	[마싣따]	허용 발음

한국어의 받침 규칙에 따르면, 발음 ①이 합리성을 지닌 표준 발음이다. 왜냐하면 합성어에서 받침을 지닌 앞말이 모음으로 시작하는 뒷말과 결합할 때는 받침의 대표음화가 일어난 후 뒷말의 첫소리로 연음되기 때문이다. 즉, [먿+있다]→[머딨다]→[머딛따]의 과정을 거쳐 표준 발음으로 나타난다. 그러나 이와 달리 현실 언어에서는 앞 음절의 받침을 다음 음절의 첫소리로 연음 처리한 [머싣따]가 더 널리 사용된다. 이 경우 후자의 발음도 표준 발음으로 허용하고 있다.

3.2. 제2장 자음과 모음

표준 발음법의 제2장은 '자음과 모음'의 수와 배열 순서를 제시하고 있다. 그리고 단모음과 이중 모음의 발음을 규정하고 있다. 자세한 내용은 다음과 같다.

제2항 표준어의 자음은 다음 19개로 한다.
ㄱ ㄲ ㄴ ㄷ ㄸ ㄹ ㅁ ㅂ ㅃ ㅅ ㅆ ㅇ ㅈ ㅉ ㅊ ㅋ ㅌ ㅍ ㅎ

제3항 표준어의 모음은 다음 21개로 한다.

ㅏ ㅐ ㅑ ㅒ ㅓ ㅔ ㅕ ㅖ ㅗ ㅘ ㅙ ㅚ ㅛ ㅜ ㅝ ㅞ ㅟ ㅠ ㅡ ㅢ ㅣ

제2항과 제3항에 제시한 자음과 모음의 배열은 일반적인 한글 자모의 순서와 국어사전에서의 자모 순서를 고려하고 있다. 이중, 모음 21자는 단모음 10자(ㅏ, ㅐ, ㅓ, ㅔ, ㅗ, ㅚ, ㅜ, ㅟ, ㅡ, ㅣ)와 이중 모음 11자(ㅑ, ㅒ, ㅕ, ㅖ, ㅘ, ㅙ, ㅛ, ㅝ, ㅞ, ㅠ, ㅢ)를 포함한 것으로, '한글 맞춤법' 제4항의 배열과 차이가 나타난다.

제3항의 모음 21자는 발음 양상의 차이에 따라 제4항과 제5항으로 구분하여 다시 규정하고 있다.

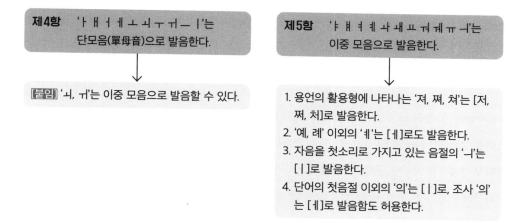

제4항 'ㅏ ㅐ ㅓ ㅔ ㅗ ㅚ ㅜ ㅟ ㅡ ㅣ'는 단모음(單母音)으로 발음한다.

[붙임] 'ㅚ, ㅟ'는 이중 모음으로 발음할 수 있다.

제5항 'ㅑ ㅒ ㅕ ㅖ ㅘ ㅙ ㅛ ㅝ ㅞ ㅠ ㅢ'는 이중 모음으로 발음한다.

1. 용언의 활용형에 나타나는 '져, 쪄, 쳐'는 [저, 쪄, 처]로 발음한다.
2. '예, 례' 이외의 'ㅖ'는 [ㅔ]로도 발음한다.
3. 자음을 첫소리로 가지고 있는 음절의 'ㅢ'는 [ㅣ]로 발음한다.
4. 단어의 첫음절 이외의 '의'는 [ㅣ]로, 조사 '의'는 [ㅔ]로 발음함도 허용한다.

제5항의 1은 이중 모음 'ㅕ'를 단모음 'ㅓ'로 발음해야 한다는 내용이다. 반면 2의 이중 모음 'ㅖ'는 [ㅖ] 발음과 [ㅔ] 발음 모두 허용한다는 것이다. 3~4는 이중 모음 'ㅢ'의 다양한 발음에 대해 설명하고 있다.

❸ 무늬, 띄어쓰기, 씌어, 틔어, 희망, 유희
  → [무니, 띠어쓰기, 씨어, 티어, 히망, 유히]
❹ 주의, 협의 → [주의/주이], [혀븨/혀비]
  우리의, 강의의 → [우리의/우리에], [강의의/강의에]

3.3. 제3장 소리의 길이

표준 발음법의 제3장은 '소리의 길이'에 대한 규정으로, 모음의 장단과 관련이 있다.[3] 제6항과 제7항에서 일반적 원칙을 제시하고 있지만 예외의 경우가 많아 일관성 있는 규칙적 적용이 쉽지 않다.

제6항 모음의 장단을 구별하여 발음하되, 단어의 첫음절에서만 긴소리가 나타나는 것을 원칙으로 한다.

    (1) 눈보라[눈ː보라]   말씨[말ː씨]   밤나무[밤ː나무]

         많다[만ː타]   멀리[멀ː리]   벌리다[벌ː리다]

    (2) 첫눈[천눈]   참말[참말]   쌍동밤[쌍동밤]

         수많이[수ː마니]   눈멀다[눈멀다]   떠벌리다[떠벌리다]

다만, 합성어의 경우에는 둘째 음절 이하에서도 분명한 긴소리를 인정한다.

    반신반의[반ː신바ː늬 / 반ː신바ː니]   재삼재사[재ː삼 재ː사]

[붙임] 용언의 단음절 어간에 어미 '-아/-어'가 결합되어 한 음절로 축약되는 경우에도 긴소리로 발음한다.

    보아→봐[봐ː]   기어→겨[겨ː]   되어→돼[돼ː]

    두어→둬[둬ː]   하여→해[해ː]

다만, '오아→와, 지어→져, 찌어→쪄, 치어→쳐' 등은 긴소리로 발음하지 않는다.

제6항은 모음의 표준발음으로 긴소리와 짧은 소리만 인정하고, 단어의 제1음절에서만 긴소리를 인정한다는 내용이다. 즉 (1)과 (2)의 용례를 살펴보면, 복합어의 첫째 음절에서는 긴소리로 실현되지만 제2음절 이하에서는 그렇지 않음을 알 수 있다. 다만, 둘째 음절 이하의 위치임에도 불구하고 분명한 긴소리로 발음 나는 것은 긴소리를 인정한다.[4]

한편, [붙임]항은 용언의 활용 과정에서 두 음절이 한 음절로 축약되는 경우 긴소리로 발음한다는 내용으로, 동일한 환경에서 예외 현상이 나타남에 주의해야 한다.

제7항 긴소리를 가진 음절이라도, 다음과 같은 경우에는 짧게 발음한다.

    1. 단음절인 용언 어간에 모음으로 시작하는 어미가 결합되는 경우

        감다[감ː따] - 감으니[가므니]   밟다[밥ː따] - 밟으면[발브면]

        신다[신ː따] - 신어[시너]   알다[알ː다] - 알아[아라]

다만, 다음과 같은 경우에는 예외적이다.

끌다[끌:다] - 끌어[끄:러]   떫다[떨:따] - 떫은[떨:븐]

벌다[벌:다] - 벌어[버:러]   썰다[썰:다] - 썰어[써:러]

없다[업:따] - 없으니[업:쓰니]

2. 용언 어간에 피동, 사동의 접미사가 결합되는 경우

감다[감:따] - 감기다[감기다]   꼬다[꼬:다] - 꼬이다[꼬이다]

밟다[밥:따] - 밟히다[발피다]

다만, 다음과 같은 경우에는 예외적이다.

끌리다[끌:리다]   벌리다[벌:리다]   없애다[업:쌔다]

[붙임] 다음과 같은 합성어에서는 본디의 길이에 관계 없이 짧게 발음한다.

밀-물   썰-물   쏜-살-같이   작은-아버지

제7항은 긴소리를 가진 용언 어간이 짧게 발음되는 경우를 규정한 것이다. 우리말에서 가장 규칙적으로 나타나는 현상 중 하나로, 이에서 벗어나는 예외적 현상에 주목할 필요가 있다.

3.4. 제4장 받침의 발음

표준 발음법의 제4장은 '받침의 발음'에 대한 규정으로, 음절 말 자음(끝소리)의 발음 현상을 다룬다. 제8항부터 제16항까지 총 9개 항으로 구성되어 있다. 먼저 표준 발음법 제2항의 19개 자음 중, 음절 끝소리에 올 수 있는 자음은 'ㄱ, ㄲ, ㄴ, ㄷ, ㄹ, ㅁ, ㅂ, ㅅ, ㅆ, ㅇ, ㅈ, ㅊ, ㅋ, ㅌ, ㅍ, ㅎ'의 16개뿐이다. 이들 받침에 대한 표준 발음의 규정은 제8항, 제9항, 제12항이다.

3.4.1. 제8항~제9항의 규정

제8항 받침소리로는 'ㄱ, ㄴ, ㄷ, ㄹ, ㅁ, ㅂ, ㅇ'의 7개 자음만 발음한다.

제8항은 표준어의 받침소리로 발음할 수 있는 자음 7개를 규정한 것이다. 따라서 이들 이외의 자음(ㄲ, ㅅ, ㅆ, ㅈ, ㅊ, ㅋ, ㅌ, ㅍ, ㅎ)이 받침으로 쓰이게 되면 7개 자음 중 하나로 발음된다.

> **제9항** 받침 'ㄲ, ㅋ', 'ㅅ, ㅆ, ㅈ, ㅊ, ㅌ', 'ㅍ'은 어말 또는 자음 앞에서 각각 대표음 [ㄱ, ㄷ, ㅂ]으로 발음한다.

제9항은 음절 말 위치에서 또는 자음으로 시작된 조사나 어미 앞에서 받침 'ㄲ, ㅋ'은 대표음 [ㄱ]으로, 받침 'ㅅ, ㅆ, ㅈ, ㅊ, ㅌ'은 대표음 [ㄷ]으로, 받침 'ㅍ'은 대표음 [ㅂ]으로 발음해야 한다는 내용을 담고 있다.[5]

※ 다음 단어들의 표준발음을 표기해보자.

밖[ ]	닭다[ ]	꺾다[ ]	부엌[ ]	키읔[ ]	키읔과[ ]
옷[ ]	낫[ ]	웃다[ ]	있다[ ]	있었다[ ]	
낮[ ]	젖[ ]	낮다[ ]	꽃[ ]	낯[ ]	쫓다[ ]
낱[ ]	솥[ ]	뱉다[ ]			
앞[ ]	짚[ ]	덮다[ ]			

3.4.2. 제10항~제11항의 규정

> **제10항** 겹받침 'ㄳ', 'ㄵ' 'ㄼ, ㄽ, ㄾ', 'ㅄ'은 어말 또는 자음 앞에서 각각 [ㄱ, ㄴ, ㄹ, ㅂ]으로 발음한다.

제10항과 제11항은 두 개의 자음으로 구성된 겹받침 역시 음절 말이나 자음으로 시작된 조사나 어미 앞에서 7개의 자음 중 하나로 발음된다는 규정이다. 이 중, 제10항은 겹받침 중 둘째 받침이 탈락[6]하는 경우를 설명하고 있다. 즉 'ㄳ→[ㄱ]', 'ㄵ→[ㄴ]', 'ㄼ, ㄽ, ㄾ→[ㄹ]', 'ㅄ→[ㅂ]'으로 발음한다.

---

[5] 음절 말 위치에서 각각의 음운들이 그 변별적 기능을 상실하는 현상을 '중화(中和)'라고 한다.

[6] 두 개 자음으로 이루어진 겹받침 중, 어느 하나가 탈락하는 것은 음운 변동의 '탈락' 현상에 해당한다. 반면 제9항의 음절끝소리 규칙의 적용은 음운의 '교체' 현상에 해당한다.

※ 다음 단어들의 표준발음을 표기해보자.

넋[ ]	몫[ ]	삯[ ]	넋과[ ]	몫도[ ]
앉다[ ]	얹다[ ]			
여덟[ ]	넓다[ ]	얇다[ ]	외곬[ ]	핥다[ ]	훑다[ ]
값[ ]				

다만, 겹받침 'ㄼ'의 발음에는 예외가 나타나는데, [ㄹ]로 발음하는 것이 대원칙이나 아래의 몇몇 단어에서는 [ㅂ]으로 발음해야 한다.

❶ **친구의 발을** 밟다.
❷ **그 사람의 얼굴은** 넓죽하다.
❸ **그 사람의 얼굴은** 넓둥글다.

❶~❸의 서술어 '밟다'와 '넓죽하다, 넓둥글다'는 모두 겹받침 'ㄼ'을 지닌 단어로, 제10항의 규정에 따라 [발ː따]와 [널쭈카다], [널뚱글다]로 잘못 발음하는 경우가 많다. 이들의 표준 발음은 [밥ː따], [넙쭈카다], [넙뚱글다]이다.

제11항 겹받침 'ㄺ, ㄻ, ㄿ'은 어말 또는 자음 앞에서 각각 [ㄱ, ㅁ, ㅂ]으로 발음한다.

제11항 또한 겹받침이 음절 말이나 자음 앞에서 하나의 자음을 탈락시켜 발음해야 함을 규정한 것이다. 다만 제10항과 다른 점은 겹받침의 첫째 자음이 탈락한다는 것이다. 즉, 'ㄺ →[ㄱ]', 'ㄻ→[ㅁ]', 'ㄿ→[ㅍ→ㅂ]'으로 발음한다.

※ 다음 단어들의 표준발음을 표기해보자.

닭[ ]	칡[ ]	맑다[ ]	늙지[ ]
삶[ ]	앎[ ]		젊다[ ]	닮다[ ]
읊고[ ]	읊다[ ]	읊지[ ]	

한편, 겹받침 'ㄹㄱ'은 [ㄱ]으로 발음하는 것이 대원칙이나 용언에서는 뒤에 오는 받침의 종류에 따라 [ㄹ]로 발음해야 하는 경우가 있다.

❶ 맑게 갠 하늘에 기분이 좋다.
❷ 모든 동물은 늙거나 병들면 죽는다.

❶~❷의 '맑게'와 '늙거나'는 겹받침 'ㄹㄱ'을 지닌 용언의 활용형으로, 제11항의 규정에 따라 [막께]와 [늑꺼나]로 발음하면 안 된다. 이 경우, 겹받침의 둘째 받침인 'ㄱ'을 탈락시킨 [말께]와 [늘꺼나]로 발음해야 한다. 즉, 용언의 어간 말음 'ㄹㄱ'은 'ㄱ'으로 시작되는 어미 앞에서는 [ㄹ]로 발음하는 것이 표준 발음이다.

3.4.3. 제12항의 규정

제12항 받침 'ㅎ'의 발음은 다음과 같다.
1. 'ㅎ(ㄶ, ㅀ)' 뒤에 'ㄱ, ㄷ, ㅈ'이 결합되는 경우에는, 뒤 음절 첫소리와 합쳐서 [ㅋ, ㅌ, ㅊ]으로 발음한다.

놓고[ ]	많고[ ]	않고[ ]
좋던[ ]	않던[ ]	앓던[ ]
쌓지[ ]	닳지[ ]	앓지[ ]

[붙임1] 받침 'ㄱ(ㄹㄱ), ㄷ, ㅂ(ㄹㅂ), ㅈ(ㄴㅈ)'이 뒤 음절 첫소리 'ㅎ'과 결합되는 경우에도, 역시 두 음을 합쳐서 [ㅋ, ㅌ, ㅍ, ㅊ]으로 발음한다.

각하[ ]	국화[ ]	밝히다[ ]	읽히다[ ]	맏형[ ]
입학[ ]	좁히다[ ]	넓히다[ ]	밟히다[ ]	
꽂히다[ ]		앉히다[ ]		

[붙임2] 규정에 따라 'ㄷ'으로 발음되는 'ㅅ, ㅈ, ㅊ, ㅌ'의 경우에도 이에 준한다.
　　예 옷 한 벌[오탄벌]　　낮 한때[나탄때]　　꽃 한 송이[꼬탄송이]　　숱하다[수타다]
2. 'ㅎ(ㄶ, ㅀ)' 뒤에 'ㅅ'이 결합되는 경우에는, 'ㅅ'을 [ㅆ]으로 발음한다.

| 닿소[ ] | 많소[ ] | 끊습니다[ ] | 싫소[ ] |

---

3. 'ㅎ' 뒤에 'ㄴ'이 결합되는 경우에는, [ㄴ]으로 발음한다.

놓는[　　　　]	놓네[　　　　]	쌓네[　　　　]

[붙임] 'ㄶ, ㅀ' 뒤에 'ㄴ'이 결합되는 경우에는, 'ㅎ'을 발음하지 않는다.

않네[　　　　]	않는[　　　　]	끓는[　　　　]	끓네[　　　　]
뚫네[→　　　]	뚫는[→　　]	끓는[→　　]	끓네[→　　]

4. 'ㅎ(ㄶ, ㅀ)' 뒤에 모음으로 시작된 어미나 접미사가 결합되는 경우에는, 'ㅎ'을 발음하지 않는다.

낳은[　]	놓아[　]	쌓이다[　]	넣은[　]	쌓을[　]
많아[　]	않은[　]	않으니[　]	많을[　]	
닳아[　]	싫어[　]	싫으니[　]		

제12항의 받침 'ㅎ'은 뒤에 오는 소리에 따라 다양하게 발음되거나 또는 발음되지 않는 경우가 있다. 다만, 3의 [붙임]에서 '뚫네'와 '끓는'의 발음은 다음 두 단계의 발음 과정을 거친다.

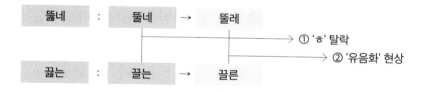

3.4.4. 제13항~제14항의 규정

제13항 홑받침이나 쌍받침이 모음으로 시작된 조사나 어미, 접미사와 결합되는 경우에는,
제 음가대로 뒤 음절 첫소리로 옮겨 발음한다.

| 깎아[   ] | 섞여[   ] | 옷이[   ] | 있어[   ] | 낮이[   ] | 꽂아[   ] |
| 꽃을[   ] | 쫓아[   ] | 밭에[   ] | 앞으로[   ] | 덮이다[   ] | |

제14항 겹받침이 모음으로 시작된 조사나 어미, 접미사와 결합되는 경우에는,
뒤엣것만을 뒤 음절 첫소리로 옮겨 발음한다.(이 경우, 'ㅅ'은 된소리로 발음함.)

| 몫이[   ] | 넋이[   ] | 앉아[   ] | 닭을[   ] | 읽어[   ] | 젊어[   ] |
| 곬이[   ] | 핥아[   ] | 읊어[   ] | 값을[   ] | 없어[   ] | |

제13항과 제14항은 연음(連音)에 대한 규정이다.

연음 현상은 앞 음절의 끝 자음이 모음으로 시작되는 뒤 음절의 초성으로 이어져 소리 나는 것을 뜻한다. 따라서 제13항은 받침을 다음 음절의 첫소리로 올려 발음하며, 제14항의 첫째 받침은 그대로 받침의 소리로 발음하되, 둘째 받침만 다음 음절의 첫소리로 옮겨 발음한다. 다만, 이에도 다음과 같은 몇 가지 예외가 존재한다.

▸ 'ㅎ' 탈락의 경우: 낳은[나은] / 끊어[끄너] ⎫ 제13, 14항 공통
▸ 구개음화[7)]의 경우: 굳이[구지] / 훑이다[홀치다] ⎭

▸ 겹받침 'ㄳ, ㄹ, ㅄ'의 경우: 몫이[목씨] / 곬이[골씨] / 값이[갑씨]

---

7) 표준 발음법 제5장 소리의 동화, 제17항 구개음화에 대한 규정을 참고하기 바란다.

3.4.5. 제15항의 규정

> **제15항** 받침 뒤에 모음 'ㅏ, ㅓ, ㅗ, ㅜ, ㅟ'들로 시작되는 실질 형태소가 연결되는 경우에는, 대표음으로 바꾸어서 뒤 음절 첫소리로 옮겨 발음한다.
>
> | | | |
> |---|---|---|
> | 밭 아래[   ] | 늪 앞[   ] | 젖어미[   ] | 맛없다[   ] |
> | 겉옷[   ] | 헛웃음[   ] | 꽃 위[   ] | 끝네[→] |
>
> **[붙임]** 겹받침의 경우에는, 그중 하나만을 옮겨 발음한다.
> 넋 없다[너겁따]   닭 앞에[다가페]   값어치[가버치]   값있는[가빈는]

제15항 역시 앞의 제13항, 제14항과 같은 연음에 대한 규정이다. 다만, 앞 음절 받침 뒤에 결합하는 모음의 성격이 다르다는 차이가 있다. 즉, 제13, 14항은 '조사, 어미, 접미사'의 자립성이 없는 모음의 형식 형태소가 결합한 반면, 제15항은 자립성이 있는 모음의 실질 형태소가 결합한 경우이다. 따라서 제15항의 연음 규정은 다음의 과정에 따라야 한다.

- ▶ **밭 아래** : ① 음절 끝소리 규칙   받 아래
  - → ② 연음 규칙   바다래
- ▶ **값어치** : ① 음절 끝소리 규칙   갑어치
  - → ② 연음 규칙   가버치
- ▶ **헛웃음** : ① 음절 끝소리 규칙   헏웃음
  - → ② 연음 규칙   허두슴

한편, 제15항과 관련하여 '맛있다'와 '멋있다'의 표준 발음은 위의 과정에 따라 [맏읻따-마딛따], [먿읻따-머딛따]임에 틀림없다. 그러나 많은 사람들의 실제 발음은 [마싣따], [머싣따]로 나타나는 것이 현실이다. 따라서 실제 발음을 고려하여 [마싣따]와 [머싣따]의 발음도 표준 발음으로 허용하고 있다.

3.4.6. 제16항의 규정

<table>
<tr><td>제16항</td><td colspan="6">한글 자모의 이름은 그 받침소리를 연음하되, 'ㄷ, ㅈ, ㅊ, ㅋ, ㅌ, ㅍ, ㅎ'의 경우에는 특별히 다음과 같이 발음한다.</td></tr>
<tr><td>디귿이[디그시]</td><td></td><td>디귿을[</td><td>]</td><td>디귿에[</td><td>]</td></tr>
<tr><td>지읒이[지으시]</td><td></td><td>지읒을[</td><td>]</td><td>지읒에[</td><td>]</td></tr>
<tr><td>치읓이[치으시]</td><td></td><td>치읓을[</td><td>]</td><td>치읓에[</td><td>]</td></tr>
<tr><td>키읔이[키으기]</td><td></td><td>키읔을[</td><td>]</td><td>키읔에[</td><td>]</td></tr>
<tr><td>티읕이[티으시]</td><td></td><td>티읕을[</td><td>]</td><td>티읕에[</td><td>]</td></tr>
<tr><td>피읖이[피으비]</td><td></td><td>피읖을[</td><td>]</td><td>피읖에[</td><td>]</td></tr>
<tr><td>히읗이[히으시]</td><td></td><td>히읗을[</td><td>]</td><td>히읗에[</td><td>]</td></tr>
</table>

제16항은 한글 자모의 이름에 대한 발음 규정이다. 사실, 앞 음절의 받침과 그 뒤의 모음이 결합하는 환경을 고려하면, 제13항의 규정에 따라 [디그디/디그들/디그데]처럼 발음하는 것이 원칙이다. 그러나 이들의 현실 발음이 [디그시/디그슬/디그세]와 같아 이를 예외적인 발음으로 규정화한 것이 제16항이다.

3.5. 제5장 음의 동화

표준 발음법의 제5장은 '음의 동화'에 대한 규정이다. 구개음화, 비음화, 유음화로 동화되는 현상뿐만 아니라 모음 충돌 회피를 위한 발음 현상을 제17항부터 제21항으로 다루고 있다.

3.5.1. 제17항의 규정

<table>
<tr><td>제17항</td><td colspan="7">받침 'ㄷ, ㅌ(ㄾ)'이 조사나 접미사의 모음 'ㅣ'와 결합되는 경우에는, [ㅈ, ㅊ]으로 바꾸어서 뒤 음절 첫소리로 옮겨 발음한다.</td></tr>
<tr><td>곧이듣다[</td><td>]</td><td>굳이[</td><td>]</td><td>미닫이[</td><td>]</td><td>땀받이[</td><td>]</td></tr>
<tr><td>밭이[</td><td>]</td><td>벼훑이[8)[</td><td>]</td><td></td><td></td><td></td><td></td></tr>
</table>

---

8) 벼의 알을 훑는 농구(農具)를 뜻한다.

　　　　　　　　　　　　　　　　　　　　　　제2부 표준어 규정

제17항은 구개음화와 관련한 발음 규정이다. 구개음이 아닌 'ㄷ, ㅌ'이 모음 'ㅣ'와 만나면 (경)구개음인 'ㅈ, ㅊ'으로 바꾸어 발음하게 된다. 왜냐하면, 모음 'ㅣ'가 경구개의 위치에서 발음나기 때문이다.

한편, 구개음화의 조건에서 주의해야 할 점은 후행하는 모음 'ㅣ'의 성격이다. '잔디, 느티나무'와 '홑이불, 밭이랑' 역시 'ㄷ, ㅌ'이 모음 'ㅣ'와 결합되지만 [잔지, 느치나무]와 [호치불, 바치랑]으로 발음하지 않는다. 왜냐하면, 모음 'ㅣ'가 종속적 관계를 나타내는 경우가 아니기 때문이다. 전자는 한 단어의 구성이며, 후자는 어근과 어근이 만나는 합성어 구성이다.

3.5.2. 제18항의 규정

> **제18항** 받침 'ㄱ(ㄲ, ㅋ, ㄳ, ㄺ), ㄷ(ㅅ, ㅆ, ㅈ, ㅊ, ㅌ, ㅎ), ㅂ(ㅍ, ㄼ, ㄿ, ㅄ)'은 'ㄴ, ㅁ' 앞에서 [ㅇ, ㄴ, ㅁ]으로 발음한다.
>
> | | | | | | |
> |---|---|---|---|---|---|
> | 국물[　] | 깎는[　] | 키읔만[　] | 몫몫이[　] | 흙만[　] | |
> | 닫는[　] | 옷맵시[　] | 있는[　] | 젖멍울[　] | 꽃망울[　] | 붙는[　] | 놓는[　] |
> | 밥물[　] | 앞마당[　] | 밟는[　] | 읊는[　] | 없는[　] | |
>
> **[붙임]** 두 단어를 이어서 한 마디로 발음하는 경우에도 이와 같다.
>
> | | | |
> |---|---|---|
> | 책 넣는다[　　] | 흙 말리다[　　] | 옷 맞추다[　　] |
> | 밥 먹는다[　　] | 값 매기다[　　] | |

제18항은 비음화 현상에 대해 규정하고 있다. 앞 음절의 받침이 'ㄱ, ㄷ, ㅂ'이거나 음운 변동의 결과 종성이 대표음인 [ㄱ, ㄷ, ㅂ] 중 하나로 발음되는 'ㄲ, ㅋ, ㄳ, ㄺ / ㅅ, ㅆ, ㅈ, ㅊ, ㅌ, ㅎ / ㅍ, ㄼ, ㄿ, ㅄ' 뒤에 비음인 'ㄴ, ㅁ'이 올 때 앞선 자음이 뒤 음절 비음의 조음 방식에

동화되어 각각 'ㅇ, ㄴ, ㅁ'으로 바뀌게 된다.[9] 'ㄱ, ㄷ, ㅂ'과 동일한 조음 위치의 비음이 'ㅇ, ㄴ, ㅁ'이기 때문이다.

제18항의 예시 중, '국물, 닫는, 밥물, 책 넣는다, 밥 먹는다'는 음절의 끝소리 규칙과 관계 없는 비음화 현상에 의해 [궁물, 단는, 밤물, 챙넌는다, 밤멍는다]로 발음한다. 그러나 나머지 예시들은 모두 음절 끝소리 규칙에 따라 대표음으로 교체되거나 자음의 탈락 현상을 거쳐 비음화 현상이 적용된다.

▸ 교체 후 비음화: 깎는[깍는→깡는], 키읔만[키윽만→키응만], 옷맵시[옫맵시→온맵씨],
　　　　　　　　있는[읻는→인는], 젖멍울[젇멍울→전멍울], 꽃망울[꼳망울→꼰망울],
　　　　　　　　붙는[붇는→분는], 놓는[녿는→논는], 앞마당[압마당→암마당],
　　　　　　　　책 넣는다[챙넏는다→챙넌는다], 옷 맞추다[옫맏추다→온맏추다]

▸ 탈락 후 비음화: 몫몫이[목목이→몽목씨], 흙만[흑만→흥만], 밟는[밥는→밤는],
　　　　　　　　읊는[읍는→음는], 없는[업는→엄는], 흙 말리다[흑말리다→흥말리다],
　　　　　　　　값 매기다[갑매기다→감매기다]

3.5.3. 제19항의 규정

제19항	받침 'ㅁ, ㅇ' 뒤에 연결되는 'ㄹ'은 [ㄴ]으로 발음한다.		
담력[　　　]	침략[　　　]		
강릉[　　　]	항로[　　　]	대통령[　　　]	
[붙임] 받침 'ㄱ, ㅂ' 뒤에 연결되는 'ㄹ'도 [ㄴ]으로 발음한다.			
막론[　　　]	석류[　　　]		
협력[　　　]	법리[　　　]		

제19항은 특정 자음(ㅁ, ㅇ, ㄱ, ㅂ) 뒤의 'ㄹ'이 'ㄴ'으로 바뀌는 현상을 규정하고 있다. 그런

---

9) 비음화 현상은 음절의 끝소리 규칙에 의한 음운 변동이 일어난 후 적용된다. 앞 음절의 종성이 'ㄱ, ㄷ, ㅂ'이 아닌 홑받 침의 경우, 'ㄱ, ㄷ, ㅂ' 중 어느 하나로 교체되어 비음화가 적용되며, 겹받침의 경우 자음 하나가 탈락한 후 비음화가 적 용되기 때문이다.

데 'ㄹ' 앞의 자음의 성격에 따라 본문과 붙임으로 구분하고 있다. 본문은 비음 'ㅁ, ㅇ' 뒤에서의 'ㄹ' 발음을, 붙임은 'ㄱ, ㅂ' 뒤에서의 'ㄹ' 발음을 규정하고 있다. 본문의 환경에서는 한 번의 음운 변동이 일어남에 반해 '붙임'의 환경에서는 두 번의 음운 변동이 일어난다. 즉, 받침 'ㄱ, ㅂ' 뒤에 오는 'ㄹ'을 'ㄴ'으로 발음하면 비음화의 환경이 조성되어 비음화가 추가로 적용되기 때문이다.

> ‣ 본문의 경우: 담력[담:녁], 침략[침:냑], 강릉[강능], 항로[항:노], 대통령[대:통녕]
> ‣ 붙임의 경우: 막론[막논→망논], 석류[석뉴→성뉴], 협력[협녁→혐녁], 법리[법니→범니]

3.5.4. 제20항의 규정

제20항 'ㄴ'은 'ㄹ'의 앞이나 뒤에서 [ㄹ]로 발음한다.

(1) 난로[	]	신라[	]	광한루[	]	대관령[	]
(2) 칼날[	]	물난리[	]	줄넘기[	]	할는지[10][	]

[붙임] 첫소리 'ㄴ'이 'ㅀ', 'ㄾ' 뒤에 연결되는 경우에도 이에 준한다.

닳는[	]	뚫는[	]	핥네[	]

제20항은 'ㄴ'과 'ㄹ'이 연속할 때, 'ㄴ'이 유음인 'ㄹ'에 동화되어 'ㄹ'로 바뀌는 유음화 현상에 대해 규정한 것이다. 이 현상은 'ㄴ'과 'ㄹ'이 연속할 때(1)와 'ㄹ'과 'ㄴ'이 연속할 때(2) 모두 동일하게 적용된다.

한편, (1)의 환경에서 'ㄴ'이 'ㄹ'로 바뀌는 대신 'ㄹ'이 'ㄴ'으로 바뀌는 경우가 있다. 예를 들면, '의견란, 임진란, 생산량, 결단력, 공권력, 동원령, 상견례, 횡단로, 이원론, 입원료, 구근류' 등은 [의:견난, 임:진난, 생산냥, 결딴녁, 공꿘녁, 동:원녕, 상견네, 횡단노, 이:원논, 이뷘

---

10) 어간 '하-'와 어미 '-ㄹ는지'가 결합한 '할는지'가 [할른지]로 발음 나는 것은 어미 내부에서 일어나는 현상으로, '붙임' 현상과는 다른 예이다.

뇨, 구근뉴]로 발음한다.[11]

'붙임'의 '닳는, 뚫는, 핥네'는 용언의 활용형에 나타나는 유음화 현상으로, 겹받침을 가진 어간 뒤에서만 적용된다는 사실을 확인할 수 있다. 따라서 이들의 표준 발음은 [닳는→달른], [뚫는→뚤른], [핥네→할레]이다.

3.5.5. 제21항~제22항의 규정

제21항 위에서 지적한 이외의 자음 동화는 인정하지 않는다.

감기[감:기](×[강:기])	옷감[옫깜](×[옥깜])	있고[읻꼬](×[익꼬])
꽃길[꼳낄](×[꼭낄])	문법[문뻡](×[뭄뻡])	꽃밭[꼳빧](×[꼽빧])
젖먹이[전머기](×[점머기])		

제22항 다음과 같은 용언의 어미는 [어]로 발음함을 원칙으로 하되, [여]로 발음함도 허용한다.

되어[되어/되여]	피어[피어/피여]

[붙임] '이오, 아니오'도 이에 준하여 [이요, 아니요]로 발음함을 허용한다.

제21항은 표준 발음으로 인정되지 않는 조음 위치 동화를 규정하고 있다. 일부 지역 또는 일부 사람들이 양순음을 연구개음(감기)으로, 치조음을 연구개음(옷감, 있고, 꽃길)으로, 치조음을 양순음(문법, 꽃밭, 젖먹이)으로 발음하는 것을 표준 발음으로 인정하지 않는다. 왜냐하면 이러한 조음 위치의 동화 현상은 수의적 음운 현상으로, 규칙화하기 어렵기 때문이다.

제22항은 '되-, 피-' 뒤에 어미 '-어'가 오는 경우와 '이오, 아니오'에서 반모음 'ㅣ[j]'가 첨가되는 현상을 표준 발음으로 인정한다는 규정이다. 그러나 이러한 현상은 'ㅚ', 'ㅣ'뿐만 아니라 'ㅟ'로 끝나는 용언 어간 전체에 적용되어 나타난다.

---

11) 'ㄴ+ㄹ'의 환경에서 [ㄹㄹ]로 발음할 것인지 [ㄴㄴ]로 발음할 것인지를 명확히 구분하기는 쉽지 않다. 다만, 대체로 '의견-란, 생산-량' 등과 같이 'ㄴ'으로 끝나는 2음절 한자어 뒤에 'ㄹ'로 시작하는 한자가 결합할 때에는 'ㄹ'이 'ㄴ'으로 바뀌는 경향이 강하다. 반면, '난로, 신라' 등과 같이 단어의 자격을 가지지 않는 한자들이 결합하여 한 단어를 이루는 경우에는 'ㄴ'이 'ㄹ'로 바뀌는 경향이 매우 강하다(한국어 어문 규범 해설, 국립국어원).

제2부 표준어 규정

- 뛰어-가[뛰어가/뛰여가]
- 뛰어-가기[뛰어가기/뛰여가기]
- 뛰어-가다[뛰어가다/뛰여가다]

3.6. 제6장 경음화

표준 발음법의 제6장은 '경음화'에 대한 규정이다. 'ㄱ, ㄷ, ㅂ'으로 발음되는 종성 뒤의 경음화, 용언 활용에서의 경음화, 한자어에서 일어나는 특수한 경음화, 관형사형 어미 뒤의 경음화 현상을 제23항부터 제28항으로 다루고 있다.

3.6.1. 제23항의 규정

제23항	받침 'ㄱ(ㄲ, ㅋ, ㄳ, ㄺ), ㄷ(ㅅ, ㅆ, ㅈ, ㅊ, ㅌ), ㅂ(ㅍ, ㄼ, ㄿ, ㅄ)' 뒤에 연결되는 'ㄱ, ㄷ, ㅂ, ㅅ, ㅈ'은 된소리로 발음한다.

국밥[ ]	깎다[ ]	넋받이[ ]	삯돈[ ]	닭장[ ]	
뻗대다[ ]	옷고름[ ]	있던[ ]	꽂고[ ]	꽃다발[ ]	솥전[ ]
곱돌[ ]	옆집[ ]	넓죽하다[ ]	읊조리다[ ]	값지다[ ]	

제23항은 대표음 'ㄱ, ㄷ, ㅂ'으로 발음되는 받침 뒤의 평음 'ㄱ, ㄷ, ㅂ, ㅅ, ㅈ'이 된소리인 'ㄲ, ㄸ, ㅃ, ㅆ, ㅉ'으로 발음되는 경음화 현상이다. 경음화는 이러한 환경에서 예외 없이 일어나는 필수적 음운 현상이다.

3.6.2. 제24항~제25항의 규정

제24항	어간 받침 'ㄴ(ㄵ), ㅁ(ㄻ)' 뒤에 결합되는 어미의 첫소리 'ㄱ, ㄷ, ㅅ, ㅈ'은 된소리로 발음한다.

제25항	어간 받침 'ㄼ, ㄿ' 뒤에 결합되는 어미의 첫소리 'ㄱ, ㄷ, ㅅ, ㅈ'은 된소리로 발음한다.

제24항과 제25항의 경음화는 용언의 어간에서만 적용된다는 공통점을 지닌다.

▸ 제24항: 신고[신:꼬], 껴안다[껴안따], 앉고[   ], 얹다[   ]

　　　　삼고[삼:꼬], 더듬지[더듬찌], 닮고[   ], 젊지[   ]

▸ 제25항: 넓게[널게], 떫지[   ] / 핥다[할따], 훑소[   ]

다만, 제24항의 경우 예외적 현상이 나타난다. 피동과 사동의 접미사 '-기-'는 어간 받침 'ㄴ, ㅁ' 뒤에 오더라도 된소리로 발음하지 않는다.

▸ 제24항 예외: 아기가 엄마 품에 안기다[안기다]. 음식을 남기다[남기다].

3.6.3. 제26항의 규정

제26항　한자어에서, 'ㄹ' 받침 뒤에 연결되는 'ㄷ, ㅅ, ㅈ'은 된소리로 발음한다.

갈등[ ]	발동[ ]	절도[ ]
말살[ ]	불소[ ]	일시[ ]
갈증[ ]	물질[ ]	발전[ ]

제26항은 'ㄹ' 받침 한자어 뒤에 연결되는 'ㄷ, ㅅ, ㅈ'의 된소리 발음 현상을 규정하고 있다. 다만, 같은 한자가 겹쳐진 '허허실실[허허실실], 절절하다[절절하다]' 등에서는 된소리로 발음하지 않는다.

3.6.4. 제27항의 규정

제27항　관형사형 '-(으)ㄹ' 뒤에 연결되는 'ㄱ, ㄷ, ㅂ, ㅅ, ㅈ'은 된소리로 발음한다.

할 것을[ ]	갈 데가[ ]	할 바를[ ]
할 수는[ ]	할 적에[ ]	

다만, 끊어서 말할 적에는 예사소리로 발음한다.

[붙임] '-(으)ㄹ'로 시작하는 어미의 경우에도 이에 준한다.

할걸[ ]	할밖에[ ]	할세라[ ]
할수록[ ]	할지라도[ ]	할지언정[ ]

제27항은 관형사형 어미 '-(으)ㄹ'이나 '-(으)ㄹ'로 시작하는 어미[12] 다음의 'ㄱ, ㄷ, ㅂ, ㅅ, ㅈ'은 예외 없이 된소리로 발음해야 함을 규정하고 있다.

제23항~제27항의 경음화는 발음에 나타나는 현상으로 표기와 혼동해서는 안 된다. 이에 해당하지 않는 경우[13]를 제외하고는 된소리 표기를 인정하지 않는다.

3.6.5. 제28항의 규정

제28항 표기상으로는 사이시옷이 없더라도, 관형격 기능을 지니는 사이시옷이 있어야 할(휴지가 성립되는) 합성어의 경우에는, 뒤 단어의 첫소리 'ㄱ, ㄷ, ㅂ, ㅅ, ㅈ'을 된소리로 발음한다.

문-고리[문꼬리]	눈-동자[눈똥자]	신-바람[신빠람]
산-새[산쌔]	손-재주[손째주]	길-가[길까]
물-동이[물똥이]	발-바닥[발빠닥]	굴-속[굴ː쏙]
술-잔[술짠]	바람-결[바람껼]	그믐-달[그믐딸]
아침-밥[아침빱]	잠-자리[잠짜리]	강-가[강까]
초승-달[초승딸]	등-불[등뿔]	창-살[창쌀]
강-줄기[강쭐기]		

제28항은 경음화가 일어나지 않는 환경임에도 불구하고, 그 형태 구조상 경음화가 일어나는 현상을 규정하고 있다. 다만, 사이시옷이 있을 만한 합성어라는 전제 조건에 따라 그 뒤의 'ㄱ, ㄷ, ㅂ, ㅅ, ㅈ'을 된소리로 발음해야 한다. 이는 표준 발음법 제30항 사이시옷이 붙는 단어의 발음 현상을 참고할 필요가 있다.

---

12) '-(으)ㄹ거나, -(으)ㄹ세, -(으)ㄹ수록, -(으)ㄹ지, -(으)ㄹ진대' 등이 있다.

13) 한글 맞춤법 제5항의 '뚜렷한 까닭 없이 나는 된소리'와 한글 맞춤법 제53항 '의문을 나타내는 어미'인 '-(으)ㄹ까?, -(으)ㄹ꼬?, -(스)ㅂ니까?, -(으)ㄹ까?, -(으)ㄹ쏘냐?'만 된소리로 적는다.

3.7. 제7장 음의 첨가

표준 발음법의 제7장은 '음의 첨가'에 따른 발음 규칙을 다루고 있다. 'ㄴ'음 첨가와 사이시옷 첨가와 관련하여 제29항과 제30항으로 이루어져 있다.

3.7.1. 제29항의 규정

> **제29항** 합성어 및 파생어에서, 앞 단어나 접두사의 끝이 자음이고 뒤 단어나 접미사의 첫음절이 '이, 야, 여, 요, 유'인 경우에는 'ㄴ' 음을 첨가하여 [니, 냐, 녀, 뇨, 뉴]로 발음한다.
>
> | | | |
> |---|---|---|
> | 솜-이불[솜:니불] | 홑-이불[혼니불] | 막-일[망닐] |
> | 삯-일[상닐] | 맨-입[맨닙] | 꽃-잎[꼰닙] |
> | 내복-약[내:봉냑] | 한-여름[한녀름] | 남존-여비[남존녀비] |
> | 신-여성[신녀성] | 색-연필[생년필] | 직행-열차[지캥녈차] |
> | 늑막-염[능망념] | 콩-엿[콩녇] | 담-요[담:뇨] |
> | 눈-요기[눈뇨기] | 영업-용[영엄뇽] | 식용-유[시굥뉴] |
> | 국민-윤리[궁민뉼리] | 밤-윷[밤:눋] | |
>
> 다만, 다음과 같은 말들은 'ㄴ' 음을 첨가하여 발음하되, 표기대로 발음할 수 있다.
>
> | | |
> |---|---|
> | 이죽-이죽[이중니죽/이주기죽] | 야금야금[야금냐금/야그마금] |
> | 검열[검:녈/거:멸] | 욜랑욜랑[욜랑뇰랑/욜랑욜랑] |
> | 금융[금늉/그뮹] | |

제29항은 'ㄴ' 음이 첨가되는 환경[14]과 그 발음에 대한 규정을 다루고 있다. 이때, 앞 단어의 받침은 'ㄴ'의 첨가에 의해 비음으로 교체되는 경우와 그렇지 않은 경우가 있다.

▸ 'ㄴ'음 추가에 의한 비음화: 홑이불[혼니불→혼니불], 막일[막닐→망닐],
　　　　　　　　　　　　　　삯일[삭닐→상닐], 꽃잎[꼳닙→꼰닙],
　　　　　　　　　　　　　　내복약[내복냑→내봉냑], 색연필[색년필→생년필],
　　　　　　　　　　　　　　늑막염[늑막념→늑망념], 영업용[영업뇽→영엄뇽]

---

14) 이 조항에 따르면 'ㄴ'이 첨가되는 조건은 두 가지이다. 우선 문법적 측면에서 보면 뒷말이 어휘적인 의미를 나타내는 경우가 대부분이다. '영업용'과 같이 접미사 '-용'이 결합된 경우에도 'ㄴ'이 첨가되지만 이때의 '-용'은 어휘적인 의미를 강하게 지닌다. 다음으로 소리의 측면에서 보면 앞말은 자음으로 끝나고 뒷말은 단모음 '이' 또는 이중 모음 '야, 여, 요, 유'로 시작해야 한다. 이때 첨가되는 'ㄴ'은 뒷말의 첫소리에 놓인다(한글 맞춤법 해설).

그러나 'ㄴ'의 첨가가 항상 적용되지 않는다는 점에 주의해야 한다. 그래서 '다만'을 통해 '이죽이죽', '야금야금' 등과 같이 'ㄴ'이 첨가되는 것과 첨가되지 않는 것을 모두 표준 발음으로 인정하고 있다.

한편, 제29항에는 'ㄹ' 받침 뒤에 첨가되는 'ㄴ'의 발음에 대한 규정과 위와 같은 환경이지만 두 단어를 이어서 한 마디로 발음하는 경우에도 본 규정이 동일하게 적용된다는 두 개의 붙임 조항이 있다.

[붙임 1] 'ㄹ' 받침 뒤에 첨가되는 'ㄴ' 음은 [ㄹ]로 발음한다.

들-일[들:릴]	솔-잎[솔립]	설-익다[설릭따]
물-약[물략]	불-여우[불려우]	서울-역[서울력]
물-엿[물렫]	휘발-유[휘발류]	유들-유들[유들류들]

[붙임 2] 두 단어를 이어서 한 마디로 발음하는 경우에도 이에 준한다.

한 일[한닐]	옷 입다[온닙따]	서른 여섯[서른녀섣]
3연대[삼년대]	먹은 엿[머근녇]	
할 일[할릴]	잘 입다[잘립따]	스물 여섯[스물려섣]
1연대[일련대]	먹을 엿[머글렫]	

다만, 다음과 같은 단어에서는 'ㄴ(ㄹ)' 음을 첨가하여 발음하지 않는다.

6·25[유기오]	3·1절[사밀쩔]	송별-연[송:벼련]
등-용문[등용문]		

'붙임 1'의 경우, 'ㄹ' 받침 뒤에 'ㄴ' 음이 첨가되면 유음화의 필수적 환경이 조성되어 음운의 교체 현상이 다시 일어나게 된다.

▸ 'ㄴ'음 추가에 의한 유음화: 들일[들닐→들:릴], 솔잎[솔닙→솔립],
　　　　　　　　　　　　　　　설익다[설닉따→설릭따], 물약[물냑→물략],
　　　　　　　　　　　　　　　불여우[불녀우→불려우] 등.

다만, '송별연, 등용문'과 같이 'ㄴ'이 첨가되는 것을 표준 발음으로 인정하지 않는 경우를 별도로 언급하고 있다. 이에 제시되지 않은 단어 중에도 'ㄴ' 첨가가 일어나지 않는 것이 적지 않기에 주의할 필요가 있다.

3.7.2. 제30항의 규정

제30항 사이시옷이 붙는 단어는 다음과 같이 발음한다.

1. 'ㄱ, ㄷ, ㅂ, ㅅ, ㅈ'으로 시작하는 단어 앞에 사이시옷이 올 때는 이들 자음만을 된소리로 발음하는 것을 원칙으로 하되, 사이시옷을 [ㄷ]으로 발음하는 것도 허용한다.

냇가[내:까/낻:까]	샛길[새:낄/샏:낄]	빨랫돌[빨래똘/빨랟똘]
콧등[코뜽/콛뜽]	깃발[기빨/긷빨]	대팻밥[대:패빱/대:팯빱]
햇살[해쌀/핻쌀]	뱃속[배쏙/밷쏙]	뱃전[배쩐/밷쩐]
고갯짓[고개찓/고갣찓]		

2. 사이시옷 뒤에 'ㄴ, ㅁ'이 결합되는 경우에는 [ㄴ]으로 발음한다.

콧날[콛날→콘날]	아랫니[아랟니→아랜니]
툇마루[퇻:마루→퇸:마루]	뱃머리[밷머리→밴머리]

3. 사이시옷 뒤에 '이' 음이 결합되는 경우에는 [ㄴㄴ]으로 발음한다.

베갯잇[베갣닏→베갠닏]	깻잎[깯닙→깬닙]
나뭇잎[나묻닙→나문닙]	도리깻열[도리깯녈→도리깬녈]
뒷윷[15][뒫:늇→뒨:늇]	

제30항은 사이시옷의 발음을 규정하고 있다.

30항의 1은 사이시옷 다음의 'ㄱ, ㄷ, ㅂ, ㅅ, ㅈ'을 된소리로 발음하는 것을 원칙으로 하고, 사이시옷을 [ㄷ]으로 발음하는 것도 허용한다는 규정이다. 30항의 2는 사이시옷을 음절 끝소리 규칙에 따라 [ㄷ]으로 발음하면 비음화의 환경이 조성되게 된다. 반면, 30항의 3은 음절 끝소리 규칙과 'ㄴ' 음 첨가 이후, 비음화 발음이 적용된다.

---

15) '도리깻열'과 '뒷윷'의 '여, 유'는 'ㅣ'계 이중 모음의 성격을 지닌다.

제3부

외래어 표기법

제1장 외래어 표기법

1. '외래어'의 정의

<표준국어대사전>에 풀이되어 있는 '외래어'의 개념은 다음과 같다.

> **외래-어 外來語**
>
> 1. 외국에서 들어온 말로 국어에서 널리 쓰이는 단어. 버스, 컴퓨터, 피아노 따위가 있다.

'외래어'는 국어의 일부로 쓰이며, 원어의 발음과는 달리 국어식으로 발음이 된다. 현재 외래어는 우리말에 동화된 것으로 보아 사전의 표제어로 등재되어 있다.

2. '외래어 표기법'의 제정

조선어학회는 1940년 최초의 『외래어 표기법 통일안』을 펴낸다. 그러나 '통일안'의 총칙 조항은 1933년 조선어학회의 『한글 마춤법 통일안』의 제6장과 대동소이하다. 따라서 외래어 표기의 기본 원칙은 이미 1933년에 이루어졌다 할 것이다.

> **『한글 마춤법 통일안』(1933)의 제6장**
>
> "새 문자나 부호를 쓰지 아니하며, 표음주의를 취한다."

↓

> **『외래어 표기법 통일안』(1940)의 총칙**
>
> 1. 외래어를 한글로 표기함에는 원어의 철자나 어법적 형태의 어떠함을 묻지 아니하고, 모두 표음주의로 하되, 현재 사용하는 한글의 자모와 자형만으로써 적는다.
>
> 2. 표음은 원어의 발음을 정확히 표시한 만국음성기호를 표준으로 하여 아래의 대조표에 의하여 적음을 원칙으로 한다.

그 후, 『들온말 적는 법』(1948)과 『외래어 표기법안』(1979) 그리고 『외래어 표기법 개정안』(학술원, 1983)으로 이어졌다. 현행 『외래어 표기법』은 1986년 아시안 게임 및 1988년 올림픽

개최를 앞두고 외래어 표기법을 정비해야 한다는 필요성에 의해 1986년 제정, 공표[1]되었다.

한국어의 일부로 인식되는 외래어 역시 '한글 맞춤법'과 '표준어 사정의 원칙'의 적용을 받는다.

제1장   총론(한글 맞춤법)
제3항   외래어는 '외래어 표기법'에 따라 적는다.

제1장   총론(표준어 사정의 원칙)
제2항   외래어는 따로 사정한다.

그러나 외래어에 대한 사정 작업은 현행 표준어 규정에서 보류되었다. 왜냐하면 다양한 영역에서 물밀 듯 들어오는 외래어 하나하나를 심의 사정하여 우리의 국어 생활에 수용할 것인가 결정하는 일에는 많은 시간 제약이 따르기 때문이다. 다만, 이러한 외래어의 표기에서는 각 언어가 지닌 특질이 고려되어야 하므로, 『외래어 표기법』을 따로 정하여 표기의 기본 원칙 및 표기 일람 등을 제시하고 있다. 현행 '외래어 표기법'의 구성 체계는 다음과 같다.

장	내용
제1장	**표기의 기본 원칙**
제2장	**표기 일람표** [표1~표5]→[표10]→[표13]→[표16]→[표19]
제3장	**표기 세칙** 제1절 영어 / 제2절 독일어 / 제3절 프랑스어 / 제4절 에스파냐어 / 제5절 이탈리아어 / 제6절 일본어 / 제7절 중국어('86) / 제8절 폴란드어 / 제9절 체코어 / 제10절 세르보크로아트어 / 제11절 루마니아어 / 제12절 헝가리어('92) / 제13절 스웨덴어 / 제14절 노르웨이어 / 제15절 덴마크어('95) / 제16절 말레이인도네시아어 / 제17절 타이어 / 제18절 베트남어(2004) / 제19절 포르투갈어 / 제20절 네덜란드어 / 제21절 러시아어(2005)
제4장	**인명, 지명 표기의 원칙** 제1절 표기 원칙 / 제2절 동양의 인명, 지명 표기 / 제3절 바다, 섬, 산, 강 등의 표기 세칙

---

1) 이후, 문화부 고시 제1992-31호(1992.11.27.), 문화체육부 고시 제1995-8호(1995.3.16.), 문화관광부 고시 제2004-11호(2004.12.20.), 문화관광부 고시 제2005-32호(2005.12.28.), 문화관광부 고시 2014-43호(2014.12.5.), 문화체육관광부 고시 제2017-14호(2017.3.28.)의 부분 개정이 일어났다.

제2장 표기의 기본 원칙 및 표기 일람표

1. 표기의 기본 원칙

외래어 표기법의 제1장은 5개의 항으로, 외래어 표기에 대한 기본 원칙을 규정하고 있다.

제1항	외래어는 국어의 현용 24 자모만으로 적는다.
제2항	외래어의 1음운은 원칙적으로 1기호로 적는다.
제3항	받침에는 'ㄱ, ㄴ, ㄹ, ㅁ, ㅂ, ㅅ, ㅇ'만을 쓴다.
제4항	파열음 표기에는 된소리를 쓰지 않는 것을 원칙으로 한다.
제5항	이미 굳어진 외래어는 관용을 존중하되, 그 범위와 용례는 따로 정한다.

제1항은 외래어를 표기하기 위해 한국어의 24 자모만을 이용한다는 것이다. 이 외에 특별한 글자나 기호를 사용할 경우, 새 기호를 익혀야 하는 불편함이 따르기 때문이다.

제2항은 외래어 음운과 한국어의 기호가 1:1 대응 관계를 가진다 할 때, 기억하기도 표기하기도 용이할 것이다. 그러나 외국어의 음운은 실제 음성적 환경에서 한국어의 여러 기호로 대응하고 있다. 따라서 '원칙적으로'라는 단서를 붙였다.

제3항은 한국어의 음절 말에 올 수 있는 받침과 비교할 때 매우 독특한 특징이다. 즉, 한국어에서는 받침으로 'ㅅ'을 쓸 수 없음에 반해 외래어 표기에서는 가능하다는 점이다. 다음을 예로 들어보자.

❶ computer diskette
❷ computer diskette이 있다.
　computer diskette을 사 와라.

예문의 'diskette'은 (1.ㄱ)과 같이 음절 말 위치에서는 [디스켇]으로 발음이 난다. 그러나 (1.ㄴ)의 모음으로 시작하는 형태소가 후행할 경우 [*디시케디, *디스케들]로 실현되지 않는다. [디스케시, 디스케슬]로 발음나기에 그 원형을 '디스켇'이 아닌 '디스켓'으로 할 수 밖에 없다. 따라서 외래어의 받침 표기에는 'ㄷ'이 아닌 'ㅅ'을 사용하고 있다.

supermarket	슈퍼마겥/슈퍼마켓
coffee shop	커피숍/커피슢

받침으로 사용할 수 없는 'ㅌ'과 'ㅍ' 대신 'ㅅ'과 'ㅂ'을 사용하여 '슈퍼마켓', '커피숍'으로 표기해야 한다.

외래어 표기법 제4항은 외래어를 표기할 때, 된소리를 사용할 수 없다는 규정이다. 유성음과 무성음의 차이에 의해 의미 분화가 일어나는 외국어의 특성상 무성음의 성질을 지니는 음은 격음으로, 유성음은 평음으로 표기해야 하는 것이다. 따라서 된소리 발음으로 인식되는 경우 된소리로 표기할 수 없다.

※ 다음 외래어 표기법에 맞는 것을 골라 보자.

gas	가스 / 까스
dam	댐 / 땜
bus	버스 / 뻐스
service	서비스 / 써비스
circle	서클 / 써클
paris	파리 / 빠리
café	카페 / 까페

외국어의 유성음이 한국어의 평음에 대응함에 따라, '가스, 댐, 버스'로 표기해야 한다. 또한 이러한 유성의 자질은 파열음뿐만 아니라 마찰음에도 나타나기 때문에 '써비스'가 아닌 '서비스'가 옳다. 다만, '삐라, 껌, 빨치산' 등도 '비라, 검, 팔치산'으로 표기해야 하지만 이미 된소리로 굳어진 형태로 사용되었기에 예외로 다룬다. 그리고 무성음은 격음에 대응하기에, '파리, 카페'로 표기하는 것이 옳다.

2. 표기 일람표

외래어 표기법의 제2장인 '표기 일람표'는 외래어 표기의 구체적 지침서 역할을 한다. 아래 표의 국제 음성 기호와 한글 대조표는 국제 음성 기호를 사용하지 않는 몇몇 외국어의 표기를 제외하고는 유용한 기준이므로, 반드시 익혀야 한다.

자음			반모음		모음	
국제 음성 기호	한글		국제 음성 기호	한글	국제 음성 기호	한글
	모음 앞	자음 앞 또는 어말				
p	ㅍ	ㅂ, 프	j	이*	i	이
b	ㅂ	브	ɥ	위	y	위
t	ㅌ	ㅅ, 트	w	오, 우*	e	에
d	ㄷ	드			ø	외
k	ㅋ	ㄱ, 크			ɛ	에
g	ㄱ	그			ɛ̃	앵
f	ㅍ	프			œ	외
v	ㅂ	브			œ̃	욍
θ	ㅅ	스			æ	애
ð	ㄷ	드			a	아
s	ㅅ	스			ɑ	아
z	ㅈ	즈			ɑ̃	앙
ʃ	시	슈, 시			ʌ	어
ʒ	ㅈ	지			ɔ	오
ts	ㅊ	츠			ɔ̃	옹
dz	ㅈ	즈			o	오
tʃ	ㅊ	치			u	우
dʒ	ㅈ	지			ə**	어
m	ㅁ	ㅁ			ɚ	어
n	ㄴ	ㄴ				
ɲ	니*	뉴				
ŋ	ㅇ	ㅇ				
l	ㄹ, ㄹㄹ	ㄹ				
r	ㄹ	르				
h	ㅎ	흐				
ç	ㅎ	히				
x	ㅎ	흐				

** [j], [w]의 '이'와 '오, 우', 그리고 [ɲ]의 '니'는 모음과 결합할 때 제3장 표기 세칙에 따른다.

* 독일어의 경우에는 '에', 프랑스어의 경우에는 '으'로 적는다.

국제 음성 기호 'p'와 'b'가 음운론적 조건에 따라 한글로 표기되는 양상을 보이면 다음과 같다.

p	
모음 앞: ㅍ	자음 앞 또는 어말: ㅂ, 프
↓	↓
part[pɑːt]: 파트	gap[gæp]: 갭 / cape[keip]: 케이프 apple[æpl]: 애플

b	
모음 앞: ㅂ	자음 앞 또는 어말: 브
↓	↓
bulb[bʌlb]: 벌브	bulb[bʌlb] : 벌브 lobster[lɔbstə] : 로브스터

이와 같이 국제 음성 기호와 한글 대조표를 참고하면, 실생활에서 외래어 표기와 관련한 오류들을 바로 잡을 수 있다. 강희숙(2003:396-401)에서는 이를 따르지 않아 잘못 쓰이고 있는 외래어 표기에 대해 설명하고 있다.

첫째, 자음 중 국제 음성 기호 [f]를 'ㅎ'에 대응하는 오류의 사례가 있다.

국제 음성 기호 : 한글	용례	오류	수정
f : ㅍ / 프	family[fæmili]	훼미리	
	file[fail]	화일	
	foil[fɔil]	호일	
	fry fan[frai pæn]	후라이 팬	
	fighting[faitiŋ]	화이팅	

국제 음성 기호 [f]는 'ㅍ', '프'와 대응될 뿐 'ㅎ'과는 관련이 없다. 따라서 '패밀리, 파일, 포일, 프라이팬, 파이팅'으로 표기해야 한다.

둘째, 모음과 관련한 외래어 표기에서는 모음 [i], [æ], [ʌ], [ə]와 관련하여 다음과 같은 오류가 나타난다.

국제 음성 기호 : 한글	용례	오류	수정
i : 이	target[taːrgit]	타겟	
	sausage[sɔːsiʤ]	소세지	
	barbecue[barbikju]	바베큐	

국제 음성 기호 : 한글	용례	오류	수정
æ : 애	graph[græf]	그라프	
	battery[bætəri]	밧데리	
	manual[mænuəl]	메뉴얼	

국제 음성 기호 : 한글	용례	오류	수정
e : 에	penalty[penəlti]	패널티	
	menu[menju]	매뉴	
	message[mesiʤ]	매시지	

국제 음성 기호 : 한글	용례	오류	수정
ʌ, ə : 어	color[kʌlər]	칼라	
	front[frʌnt]	프론트	
	festival[festivəl]	페스티발	

앞의 기호 표에 따라 '타깃, 소시지, 바비큐', '그래프, 배터리, 매뉴얼', '페널티, 메뉴, 메시지', '컬러, 프런트, 페스티벌'로 표기해야 한다.

제3장 표기 세칙

1. 표기 세칙의 개요

외래어 표기법의 제3장은 개별 언어의 특수성을 고려하여 영어, 독일어, 프랑스어, 에스파냐어, 이탈리아어, 일본어, 중국어 등 21개 언어 표기와 관련한 세부 규정을 다루고 있다. 외래어 표기법 제2장의 표기 일람표를 따르되, 이것만으로 표기하기 어려운 개별 언어의 표기법을 규정하고 있다.

2. 영어 표기의 세칙

이 중, 영어 표기와 관련한 규정을 자세히 다룬 것은 영어에서 기원한 외래어가 많고, 다른 언어의 표기에서도 이를 준용할 수 있기 때문이다.

2.1. 무성 파열음([p], [t], [k])의 표기

❶ **짧은 모음 다음의 어말 무성 파열음 ([p], [t], [k])은 받침으로 적는다.**

gap[gæp] 갭	cat[kæt] 캣	book[buk] 북

❷ **짧은 모음과 유음·비음([l], [r], m], [n]) 이외의 자음 사이에 오는 무성 파열음 ([p], [t], [k])은 받침으로 적는다.**

apt[æpt] 앱트	setback[setbæk] 셋백	act[ækt] 액트

❸ **위 경우 이외의 어말과 자음 앞의 [p], [t], [k]는 '으'를 붙여 적는다.**

stamp[stæmp] 스탬프	cape[keip] 케이프	nest[nest] 네스트
desk[desk] 데스크	apple[æpl] 애플	mattress[mætris] 매트리스

그러나 이러한 표기의 원칙이 모든 예에 다 적용되는 것이 아니다. set[set]와 bat[bæt]는 '셋', '뱃'으로 표기하는 것이 원칙이겠지만 현행 외래어 표기법에서는 각각 '세트, 배트'로 적고 있다. 예외로 처리할 수밖에 없는 것이다.

2.2. 유성 파열음([[b], [d], [g]])의 표기

❶ **어말과 모든 자음 앞에 오는 유성 파열음은 '으'를 붙여 적는다.**

bulb[bʌlb] 벌브	land[lænd] 랜드	zigzag[zigzæg] 지그재그
lobster[lɔbstə] 로브스터	kidnap[kidnæp] 키드냅	signal[signəl] 시그널

2.3. 마찰음([[s], [z], [f], [v], [θ], [ð], [ʃ], [3]])의 표기

❶ **어말 또는 자음 앞의 [s], [z], [f], [v], [θ], [ð]는 '으'를 붙여 적는다.**

mask[mɑːsk] 마스크	jazz[ʤæz] 재즈	graph[græf] 그래프
olive[ɔliv] 올리브	thrill[θril] 스릴	bathe[beið] 베이드

❷ **어말의 [ʃ]는 '시'로 적고, 자음 앞의 [ʃ]는 '슈'로, 모음 앞의 [ʃ]는 뒤따르는 모음에 따라 '샤', '섀', '셔', '셰', '쇼', '슈', '시'로 적는다.**

flash[flæʃ] 플래시	shrub[ʃrʌb] 슈러브	shark[ʃɑːk] 샤크
shank[ʃæŋk] 섕크	fashion[fæʃən] 패션	sheriff[ʃerif] 셰리프
shopping[ʃɔpiŋ] 쇼핑	shoe[ʃuː] 슈	shim[ʃim] 심

❸ **어말 또는 자음 앞의 [3]는 '지'로 적고, 모음 앞의 [3]는 'ㅈ'으로 적는다.**

mirage[mirɑː3] 미라지	vision[vi3ən] 비전

마찰음 중, [ʃ]는 놓이는 환경에 따라 다양한 표기가 나타나기에 주의해야 한다. 특히 후행하는 모음의 성격에 따라 '샤, 섀, 셔, 쇼, 슈, 시'로 표기한다. [3] 또한 모음 앞에서는 'ㅈ'으로 표기함에 따라 '비젼'으로 표기할 수 없다.

2.4. 파찰음([[ts], [dz], [tʃ], [d3]])의 표기

❶ **어말 또는 자음 앞의 [ts], [dz]는 '츠, 즈'로 적고, [tʃ], [d3]는 '치', '지'로 적는다.**

keats[kiːts] 키츠	odds[ɔdz] 오즈
switch[switʃ] 스위치	bridge[briʤ] 브리지
Pittsburgh[pitsbəːg] 피츠버그	hitchhike[hitʃhaik] 히치하이크

모음 앞의 [tʃ], [dʒ]는 'ㅊ', 'ㅈ'으로 적는다.	
chart[tʃɑːt] 차트	virgin[vəːdʒin] 버진

파찰음 [dʒ]는 모음 앞에서 'ㅈ'과 대응을 한다. 이를 '지'와 대응시켜 뒤따르는 모음과 결합해 이중 모음으로 발음하거나 표기해서는 안 된다. 'schedule'[skedʒuːl]과 'juice'[dʒuːs]는 '스케쥴'이 아닌 '스케줄'이며, '쥬스'가 아닌 '주스'이다.

2.5. 비음([m], [n], [ŋ])의 표기

어말 또는 자음 앞의 비음은 모두 받침으로 적는다.		
steam[stiːm] 스팀	corn[kɔːn] 콘	ring[riŋ] 링

모음과 모음 사이의 [ŋ]은 앞 음절의 받침 'ㅇ'으로 적는다.	
hanging[hæŋiŋ] 행잉	longing[lɔŋiŋ] 롱잉

2.6. 유음([l])의 표기

어말 또는 자음 앞의 [l]은 받침으로 적는다.	
hotel[houtel] 호텔	pulp[pʌlp] 펄프

어중의 [l]이 모음 앞에 오거나, 모음이 따르지 않는 비음([m], [n]) 앞에 올 때에는 'ㄹㄹ'로 적는다. 다만, 비음([m], [n]) 뒤의 [l]은 모음 앞에 오더라도 'ㄹ'로 적는다.		
slide[slaid] 슬라이드	film[film] 필름	helm[helm] 헬름
Hamlet[hæmlit] 햄릿	Henley[henli] 헨리	

2.7. 장·중모음의 표기

장모음의 장음은 따로 표기하지 않는다.	
team[tiːm] 팀	route[ruːt] 루트

<table>
<tr><td colspan="3">❷ 중모음은 각 단모음의 음가를 살려서 적되, [ou]는 '오'로, [auə]는 '아워'로 적는다.</td></tr>
<tr><td>time[taim] 타임</td><td>house[haus] 하우스</td><td>skate[skeit] 스케이트</td></tr>
<tr><td>oil[ɔil] 오일</td><td>boat[bout] 보트</td><td>tower[tauə] 타워</td></tr>
</table>

2.7.은 영어 표기의 제7항(장모음) 및 제8항(중모음)과 관련한 표기 규정이다. 한국어와 마찬가지로 영어의 장모음 역시 따로 표기하지 않는다. 한편, 중모음은 각 단모음의 음가를 살려서 적는다. 다만, 중모음 중 '[ou:오], [auə:아워]'는 다른 중모음과 대조적으로 각각의 음가를 밝혀 적지 않는다.

2.8. 제9항 반모음([w], [j])의 표기

<table>
<tr><td colspan="3">❶ [w]는 뒤따르는 모음에 따라 [wə], [wɔ], [wou]는
'워', [wɑ]는 '와', [wæ]는 '왜', [we]는 '웨', [wi]는 '위', [wu]는 '우'로 적는다.</td></tr>
<tr><td>word[wəːd] 워드</td><td>want[wɔnt] 원트</td><td>woe[wou] 워</td></tr>
<tr><td>wander[wɑndə] 완더</td><td>wag[wæg] 왜그</td><td>west[west] 웨스트</td></tr>
<tr><td>witch[witʃ] 위치</td><td>wool[wul] 울</td><td></td></tr>
</table>

<table>
<tr><td colspan="3">❷ 자음 뒤에 [w]가 올 때에는 두 음절로 갈라 적되,
[gw], [hw], [kw]는 한 음절로 붙여 적는다.</td></tr>
<tr><td>swing[swiŋ] 스윙</td><td>twist[twist] 트위스트</td><td>penguin[peŋgwin] 펭귄</td></tr>
<tr><td>whistle[hwisl] 휘슬</td><td>quarter[kwɔːtə] 쿼터</td><td></td></tr>
</table>

<table>
<tr><td colspan="3">❸ 반모음 [j]는 뒤따르는 모음과 합쳐 '야', '얘', '여', '예', '요', '유', '이'로 적는다.
다만, [d], [l], [n] 다음에 [jə]가 올 때에는 각각 '디어', '리어', '니어'로 적는다.</td></tr>
<tr><td>yard[jɑːd] 야드</td><td>yank[jæŋk] 앵크</td><td>yearn[jəːn] 연</td></tr>
<tr><td>yellow[jelou] 옐로</td><td>yawn[jɔːn] 욘</td><td>you[juː] 유</td></tr>
<tr><td>year[jiə] 이어</td><td>Indian[indjən] 인디언</td><td>battalion[bətæljən] 버탤리언</td></tr>
<tr><td>union[juːnjən] 유니언</td><td></td><td></td></tr>
</table>

영어 표기의 마지막 제10항은 복합어와 관련한 규정이다. 복합어는 그것을 구성하는 말이 단독으로 쓰일 때의 표기대로 적고[2], 원어에서 띄어 쓴 말은 띄어 쓴 대로 한글 표기를 하되,

---

2) 'bookend[bukend] 북앤드', 'headlight[hedlait] 헤드라이트' 등이 속한다.

붙여 쓸 수도 있다.[3]

제4장 인명, 지명 표기의 원칙

1. 표기 원칙

외래어 표기법의 제4장은 '인명, 지명'과 관련한 표기 세칙을 다루고 있다. 먼저 인명, 지명 표기에 있어서의 대원칙은 다음과 같다.

제1항	외국의 인명, 지명의 표기는 제1장, 제2장, 제3장의 규정을 따르는 것을 원칙으로 한다.

제2항	제3장에 포함되어 있지 않은 언어권의 인명, 지명은 원지음을 따르는 것을 원칙으로 한다.
	Ankara 앙카라 Gandhi 간디

제3항	원지음이 아닌 제3국의 발음으로 통용되고 있는 것은 관용을 따른다.
	Hague 헤이그 Caesar 시저

제4항	고유 명사의 번역명이 통용되는 경우 관용을 따른다.
	Pacific Ocean 태평양 Black Sea 흑해

외래어의 인명 및 지명 또한 외래어이기에 선행 규정을 따라 적어야 함은 당연하다. 그 외 세부 표기 기준이 없는 경우는 원지음을 충실히 따르면서 그에 보완하여 우리의 관용 표기를 인정하고 있다.

----

3) 'top class[tɔpkæls] 톱 클래스/톱클래스' 등이 속한다.

2. 동양의 인명, 지명 표기

동일한 한자 문화권에 속해 있었던 중국, 일본의 인명과 지명 표기에 대해서는 아래의 규정에서 보듯 조금씩의 차이가 나타난다.

제1항 중국 인명은 과거인과 현대인을 구분하여 과거인은 종전의 한자음대로 표기하고, 현대인은 원칙적으로 중국어 표기법에 따라 표기하되, 필요한 경우 한자를 병기한다.

제2항 중국의 역사 지명으로서 현재 쓰이지 않는 것은 우리 한자음대로 하고, 현재 지명과 동일한 것은 중국어 표기법에 따라 표기하되, 필요한 경우 한자를 병기한다.

제3항 일본의 인명과 지명은 과거와 현대의 구분 없이 일본어 표기법에 따라 표기하는 것을 원칙으로 하되, 필요한 경우 한자를 병기한다.

제4항 중국 및 일본의 지명 가운데 한국 한자음으로 읽는 관용이 있는 것은 이를 허용한다.

東京 도쿄, 동경	京都 교토, 경도
上海 상하이, 상해	臺灣 타이완, 대만
黃河 황허, 황화	

중국어의 인명과 지명 표기에서는 시기에 따라 한자음 표기와 원지음 표기의 두 가지 방식으로 규정하고 있다. 그러나 일본의 인명과 지명은 모두 원지음 표기를 따르도록 하였다. 다만, 중국과 일본의 지명 표기에서는 한국 한자음을 관용적으로 허용하기도 한다.

3. 바다, 섬, 강, 산 등의 표기 세칙

인명, 지명과 관련하여 외래어로 된 '바다, 섬, 산, 강' 등의 고유 명사 표기 또한 세부적인
지침이 필요한 부분이다.

제1항	바다는 '해(海)'로 통일한다.		
	홍해	발트해	아라비아해

제2항	우리나라를 제외하고 섬은 모두 '섬'으로 통일한다.		
	타이완섬	코르시카섬	(우리나라: 제주도, 울릉도)

제3항	한자 사용 지역(일본, 중국)의 지명이 하나의 한자로 되어 있을 경우, '강', '산', '호', '섬' 등은 겹쳐 적는다.		
	온타케산(御岳)	주장강(珠江)	도시마섬(利島)
	하야카와강(早川)	위산산(玉山)	

제4항	지명이 산맥, 산, 강 등의 뜻이 들어 있는 것은 '산맥', '산', '강' 등을 겹쳐 적는다.	
	Rio Grande 리오그란데강	Monte Rosa 몬테로사산
	Mont Blanc 몽블랑산	Sierra Madre 시에라마드레산맥

제1항과 제2항은 '바다'와 '섬'에 대해서 각각 '해', '섬'으로 통일하여 표기할 것을 제시하고
있다. 우리나라의 섬 지명은 '도'와 함께 '섬'으로 표기하고 있다. 제3항은 하나로 된 한자어
의 지명 다음에 '강, 산, 호, 섬'을 겹쳐 적는 표기를, 제4항은 '산맥, 산, 강'의 의미를 지니고
있는 지명 다음에도 '산맥, 산, 강'을 겹쳐 적을 것을 규정하고 있다. 사실 Rio와 Mont는 각
각 '강'과 '산'이라는 의미를 지니고 있지만, 우리는 이 전체를 하나의 고유 명사로 인식한다.

제4부

국어의 로마자 표기법

제1장 로마자 표기법

1. '로마자 표기법'의 정의

<표준국어대사전>에 풀이되어 있는 '로마자'의 개념은 다음과 같다.

로마-자 Roma字

1. 라틴어를 적는 데 쓰이는 음소 문자. 그리스 문자가 이탈리아 지방에 전해진 후 변형된 데서
   유래하였으며, 기원전 7세기경에 초기 형이 성립하였다.
   자음자 18개, 모음자 4개, 반모음자 1개 등 자모는 23자이다.

2. 영어를 표기하는 데 쓰는 문자. 로마자『1』에 J, U, W가 추가된 것이다.

3. 『1』에서 파생하여 지역에 따라 새로운 글자나 변형된 글자가 추가된 영어의 문자,
   노르웨이의 문자, 체코의 문자 따위를 통틀어 이르는 말.

위의 사전적 정의에 따르면, '로마자'는 '라틴 문자'로, '알파벳'(alphabat)으로도 불린다.

2. '로마자 표기법'의 제정

『로마자 표기법』은 우리말의 인명이나 지명 등의 고유 명사를 로마자로 적는 규정이다. 즉, 국어의 발음을 세계적으로 통용되는 로마자로 바꾸어 우리나라를 찾는 외국인들이 우리말을 쉽게 읽도록 하기 위함이다.

『로마자 표기법』은 서양과의 접촉이 빈번하게 된 19세기 무렵부터 필요하게 되었다. 그리하여 (1)외국 선교사들이 자신들의 필요에 따른 표기법을 고안, (2)일제 치하의 일본 및 국내 학자들이 개인적으로 표기법을 고안, (3)해방 후, 정부의 공식적인 표기법이 제정되었다(정희원, 1997:28).

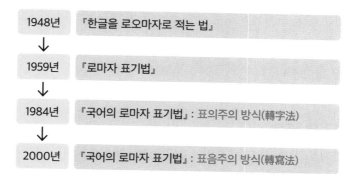

1948년	『한글을 로오마자로 적는 법』
1959년	『로마자 표기법』
1984년	『국어의 로마자 표기법』 : 표의주의 방식(轉字法)
2000년	『국어의 로마자 표기법』 : 표음주의 방식(轉寫法)

문화관광부 고시 제2000-8호(2000.7.7.)의 『국어의 로마자 표기법』은 다음의 체제로 이루어져 있다.

장	내용
제1장	표기의 기본 원칙
제2장	표기 일람
제3장	표기상의 유의점
부칙	

제2장 로마자 표기의 기본 원칙

1. 로마자 표기의 기준

제1항 국어의 로마자 표기는 국어의 표준 발음법에 따라 적는 것을 원칙으로 한다.

국어의 로마자 표기는 국어의 표기를 기준으로 하는 방법(전자법:轉字法)과 국어의 발음을 기준으로 하는 방법(전사법:轉寫法)이 있을 수 있다. 예를 들어 '왕십리'는 표기를 기준으로 하면 'Wangsipri'로 표기할 수 있다. 그러나 발음을 기준으로 하면 'Wangsimni'로 표기한다.

그런데 전자법은 한글 표기에 익숙한 이에게는 편리하겠지만 그렇지 않은 외국인들에게는 어려울 수밖에 없다. 따라서 현행 국어의 로마자 표기법은 국어의 표준 발음법을 기준으로 함을 원칙으로 삼고 있다.

2. 로마자 표기의 부호

국어에는 로마자로 적을 수 없는 소리가 있었기에 1984년 국어의 로마자 표기법에서는 로마자 이외의 반달표(ŏ, ŭ)와 어깻점(k', t', p', ch')과 같은 특수 문자 사용을 허용하게 되었다. 그러나 이로 인한 극심한 표기의 혼란과 컴퓨터와 인터넷 사용에 불편을 초래하여 오늘날 폐기되었다.

제3장 로마자의 표기 일람

1. 모음의 표기 일람표

제1항 모음은 다음 각호와 같이 적는다.

1. 단모음

ㅏ	ㅓ	ㅗ	ㅜ	ㅡ	ㅣ	ㅐ	ㅔ	ㅚ	ㅟ
a	eo	o	u	eu	i	ae	e	oe	wi

2. 이중 모음

ㅑ	ㅕ	ㅛ	ㅠ	ㅒ	ㅖ	ㅘ	ㅙ	ㅝ	ㅞ	ㅢ
ya	yeo	yo	yu	yae	ye	wa	wae	wo	we	ui

[붙임 1] 'ㅢ'는 'ㅣ'로 소리 나더라도 ui로 적는다. 광희문: Gwanghuimun
[붙임 2] 장모음의 표기는 따로 하지 않는다.

한국어 모음의 로마자 표기에서 주의해야 할 것은 단모음 'ㅓ, ㅡ'와 이중 모음 'ㅢ'이다. 다른 단모음과 달리 모음 'ㅓ'와 'ㅡ'에 해당하는 로마자 'eo'와 'eu'의 발음이 다소 생소하게 느껴지기 때문이다.

예 성남시: Se<u>o</u>ngnamsi / 울릉: Ull<u>eu</u>ng

[붙임1]의 이중 모음 '의'는 환경에 따라 [의/ㅣ/ㅔ] 등 다양한 발음으로 실현되지만, 로마자 표기에서는 'ui' 한 가지로 통일하여 적기로 하였다. '광희문'의 표준발음 [광히문]은 로마자 표기법에 따르면 'Kwanghimun'으로 표기하는 것이 옳지만, 발음에 관계없이 '의'를 'ui'에 대응시켜 놓았다.

2. 자음의 표기 일람표

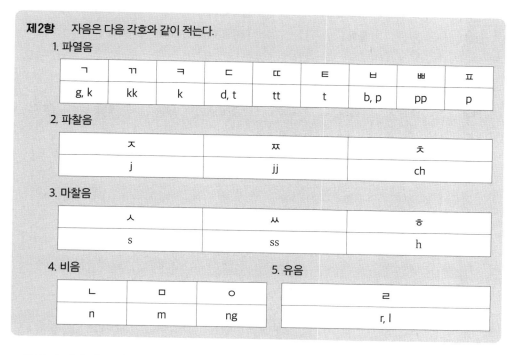

제2항 자음은 다음 각호와 같이 적는다.

1. 파열음

ㄱ	ㄲ	ㅋ	ㄷ	ㄸ	ㅌ	ㅂ	ㅃ	ㅍ
g, k	kk	k	d, t	tt	t	b, p	pp	p

2. 파찰음

ㅈ	ㅉ	ㅊ
j	jj	ch

3. 마찰음

ㅅ	ㅆ	ㅎ
s	ss	h

4. 비음

ㄴ	ㅁ	ㅇ
n	m	ng

5. 유음

ㄹ
r, l

한국어 자음의 표기 일람표에서 주의해야 할 점은 다음과 같다. 'ㄱ, ㄷ, ㅂ'은 모음 앞에서 'g, d, b'로 표기하고, 자음 앞이나 어말(단어의 끝)에서는 'k, t, p'로 적어야 한다.

자음 'ㄹ'의 경우, 모음 앞에서는 'r'로 표기하고, 자음 앞이나 어말에서는 'l'로 적는다. 단 'ㄹㄹ'의 경우에는 'll'로 적는다.

모음				자음			
한글	영문	한글	영문	한글	영문	한글	영문
ㅏ	a	ㅕ	yeo	ㄱ	g, k	ㅌ	t
ㅓ	eo	ㅛ	yo	ㄴ	n	ㅍ	p
ㅗ	o	ㅠ	yu	ㄷ	d, t	ㅎ	h
ㅜ	u	ㅒ	yae	ㄹ	r, l	ㄲ	kk
ㅡ	eu	ㅖ	ye	ㅁ	m	ㄸ	tt
ㅣ	i	ㅘ	wa	ㅂ	b, p	ㅃ	pp
ㅐ	ae	ㅙ	wae	ㅅ	s	ㅆ	ss
ㅔ	e	ㅝ	wo	ㅇ	ng	ㅉ	jj
ㅚ	oe	ㅞ	we	ㅈ	j		
ㅟ	wi	ㅢ	ui	ㅊ	ch		
ㅑ	ya			ㅋ	k		

제4장 로마자 표기상의 유의점

1. 음운 변화 표기의 유의점

> **제1항** 음운 변화가 일어날 때에는 변화의 결과에 따라 다음 각호와 같이 적는다.
> 1. 자음 사이에서 동화 작용이 일어나는 경우
>
> | | | | |
> |---|---|---|---|
> | 백마[뱅마] | Baengma | 신문로[신문노] | Sinmunno |
> | 왕십리[왕심니] | Wangsimni | 별내[별래] | Byeollae |
>
> 2. 'ㄴ, ㄹ'이 덧나는 경우
>
> | | | | |
> |---|---|---|---|
> | 학여울[항녀울] | Hangnyeoul | 알약[알략] | allyak |
>
> 3. 구개음화가 되는 경우
>
> | | | | |
> |---|---|---|---|
> | 해돋이[해도지] | haedoji | 굳히다[구치다] | guchida |
>
> 4. 'ㄱ, ㄷ, ㅂ, ㅈ'이 'ㅎ'과 합하여 거센소리로 나는 경우
>
> | | | | |
> |---|---|---|---|
> | 좋고[조코] | joko | 놓다[노타] | nota |
> | 잡혀[자펴] | japyeo | 낳지[나치] | nachi |
>
> 다만, 체언에서 'ㄱ, ㄷ, ㅂ' 뒤에 'ㅎ'이 따를 때에는 'ㅎ'을 밝혀 적는다.
>
> | | |
> |---|---|
> | 예 묵호 Mukho | 집현전 Jiphyeonjeon |
>
> [붙임] 된소리되기는 표기에 반영하지 않는다.
>
> | | | |
> |---|---|---|
> | 예 압구정 Apgujeong | 낙동강 Nakdonggang | 울산 Ulsan |

제1항은 '자음 동화', 'ㄴ, ㄹ' 첨가, '구개음화', '유기음화' 및 '경음화'의 표기를 규정하고 있다.

이 중, '유기음화'에 의한 로마자 표기는 용언의 어간과 어미에만 반영하고, 체언에서의 유기음화는 반영하지 않음에 주의해야 한다. 즉 'Muko'나 'Jipyeonjeon'으로 적지 않는다.

한국어의 경음화도 로마자 표기법에 반영하지 않는다. 필수적 경음화는 표기에 반영하지 않더라도 이해하는 데 어려움이 없으며, '간격[간격] : 인격[인격], 불고기[불고기] : 물고기[물꼬기]'처럼 수의적 경음화의 단어를 평음으로 발음하더라도 심각한 의미의 혼동을 일으키지 않기 때문이다. 또한 경음화와 관련한 표준 발음이 애매한 경우가 나타날 수 있으며, 표준 발음이 정해지지 않은 경우가 많은 이유에서이다.

2. 붙임표 사용의 유의점(1)

제2항　발음상 혼동의 우려가 있을 때에는 음절 사이에 붙임표(-)를 쓸 수 있다.

중앙 Jung-ang　　　　　　반구대 Ban-gudae　　　　　　해운대 Hae-undae

'중앙'의 로마자 표기인 'Jungang'이 음절 경계에 따라 'Jun-gang'(준강)을 표현한 것으로도 볼 수 있다. 이런 혼동을 방지하기 위해 음절의 경계 위치에 붙임표를 두도록 한 것이 제2항이다. 로마자 'Bangudae' 역시 'Bang-u-dae'(방우대), 'Haeundae'는 'Ha-eun-dae'(하은대)로 잘못 읽힐 가능성이 있기에 음절 사이의 경계에 붙임표를 써서 정확하게 읽고 쓰게 할 필요가 있는 것이다.

3. 고유 명사 표기의 유의점

제3항　고유 명사는 첫 글자를 대문자로 적는다.

부산 Busan　　　　　　세종 Sejong

제4장 로마자 표기상의 유의점 1항과 2항에 열거된 고유 명사(백마, 신문로, 왕십리, 별내, 학여울, 묵호, 집현전, 압구정, 낙동강, 울산, 중앙, 반구대, 해운대)의 첫 글자는 모두 대문자로 적고 있다.

4. 인명 표기의 유의점

> **제4항** 인명은 성과 이름의 순서로 띄어 쓴다. 이름은 붙여 쓰는 것을 원칙으로 하되 음절 사이에 붙임표(-)를 쓰는 것을 허용한다.(( ) 안의 표기를 허용함.)
>
> (1) 이름에서 일어나는 음운 변화는 표기에 반영하지 않는다.
>   한복남 Han Boknam(Han Bok-nam)   홍빛나 Hong Bitna(Hong Bit-na)
> (2) 성의 표기는 따로 정한다.

인명은 우리의 관습에 따라 성과 이름의 순서로 표기하며, 한글 맞춤법처럼 붙여 쓸 경우 성과 이름의 구별이 어려워 띄어 쓰기로 정하고 있다. 이름의 표기에 있어서는 첫 음절의 첫 자만 대문자로 적고, 붙여 적든지 아니면 그 사이에 붙임표를 사용할 수도 있다. 이름의 표기에서는 음운 변화를 인정하지 않는다. 이는 우리가 이름 한 자 한 자에 의미를 둘 뿐만 아니라 항렬에 따라 이름이 지어져 각 음절의 음가를 살려 적으려는 경향을 반영한 것이다.

5. 행정 구역 단위 표기의 유의점

> **제5항** '도, 시, 군, 구, 읍, 면, 리, 동'의 행정 구역 단위와 '가'는 각각 'do, si, gun, gu, eup, myeon, ri, dong, ga'로 적고, 그 앞에는 붙임표(-)를 넣는다. 붙임표(-) 앞뒤에서 일어나는 음운 변화는 표기에 반영하지 않는다.
>
> | | | |
> |---|---|---|
> | 제주도 Jeju-do | 의정부시 Uijeongbu-si | 양주군 Yangju-gun |
> | 도봉구 Dobong-gu | 신창읍 Sinchang-eup | 당산동 Dangsan-dong |
> | 종로2가 Jongno 2(i)-ga | | |
>
> **[붙임]** '시, 군, 읍'의 행정 구역 단위는 생략할 수 있다.
>
> | | | |
> |---|---|---|
> | 청주시 Cheongju | 함평군 Hampyeong | 순창읍 Sunchang |

제5항은 행정 구역 단위의 표기에 대해 규정하고 있다. 인명의 표기에서와 동일하게 붙임표(-) 앞뒤에서 일어나는 음운 변화는 표기에 반영하지 않는다. 따라서 'Samjuk-myeon'(삼죽면)을 'Samjung-myeon'(삼중면)으로 표기해서는 안 된다.

6. 붙임표 사용의 유의점(2)

> **제6항** 자연 지물명, 문화재명, 인공 축조물명은 붙임표(-) 없이 붙여 쓴다.
>
> | | | |
> |---|---|---|
> | 속리산 Songnisan | 금강 Geumgang | 독도 Dokdo |
> | 경복궁 Gyeongbokgung | 안압지 Anapji | 오죽헌 Ojukheon |

제6항에 따라 'Songni-san'(송니산), Geum-gang'(금강)의 붙임표를 쓸 수 없다.

7. 관습적 표기의 예외적 인정

> **제7항** 인명, 회사명, 단체명 등은 그동안 써 온 표기를 쓸 수 있다.

제7항은 개정 로마자 표기법 이전에 사용하던 관습적 표기를 인정한다는 규정이다. 예를 들면, '삼성'은 오래 전부터 'Samsung'이란 표기를 사용해왔다. 개정 표기법에 따르면 'Samseong'으로 표기해야 하지만, 이럴 경우 'Samsung'과 다른 기업으로 인식될 여지가 있기에 오랜 관습 표기를 인정하기로 한 것이다.

8. 전자법 표기의 예외적 인정

> **제8항** 학술 연구 논문 등 특수 분야에서 한글 복원을 전제로 표기할 경우에는 한글 표기를 대상으로 적는다. 이때 글자 대응은 제2장을 따르되 'ㄱ, ㄷ, ㅂ, ㄹ'은 'g, d, b, l'로만 적는다. 음가 없는 'ㅇ'은 붙임표(-)로 표기하되 어두에서는 생략하는 것을 원칙으로 한다. 기타 분절의 필요가 있을 때에도 붙임표(-)를 쓴다.
>
> | | | |
> |---|---|---|
> | 집 jib | 짚 jip | 밖 bakk |
> | 값 gabs | 독립 doglib | 굳이 gud-i |
> | 좋다 johda | 조랑말 jolangmal | 없었습니다 eobs-eoss-seubnida |

제8항은 로마자 표기법의 '전사법'에 대한 예외 규정이다. 즉 '전자법'을 허용하는 것에 대해 규정하고 있다. 'ㄱ, ㄷ, ㅂ, ㄹ'은 'g, d, b, l'에 대응한다. 음가 없는 'ㅇ'은 붙임표(-)로 표기하되, 어두에서는 생략한다.

부록

- 한글 맞춤법 본문 -

제1장 총칙

제1항 한글 맞춤법은 표준어를 소리대로 적되, 어법에 맞도록 함을 원칙으로 한다.
제2항 문장의 각 단어는 띄어 씀을 원칙으로 한다.
제3항 외래어는 '외래어 표기법'에 따라 적는다.

제2장 자모

제4항 한글 자모의 수는 스물넉 자로 하고, 그 순서와 이름은 다음과 같이 정한다.

ㄱ(기역)	ㄴ(니은)	ㄷ(디귿)	ㄹ(리을)	ㅁ(미음)
ㅂ(비읍)	ㅅ(시옷)	ㅇ(이응)	ㅈ(지읒)	ㅊ(치읓)
ㅋ(키읔)	ㅌ(티읕)	ㅍ(피읖)	ㅎ(히읗)	
ㅏ(아)	ㅑ(야)	ㅓ(어)	ㅕ(여)	ㅗ(오)
ㅛ(요)	ㅜ(우)	ㅠ(유)	ㅡ(으)	ㅣ(이)

[붙임1] 위의 자모로써 적을 수 없는 소리는 두 개 이상의 자모를 어울러서 적되, 그 순서와 이름은 다음과 같이 정한다.

ㄲ(쌍기역)	ㄸ(쌍디귿)	ㅃ(쌍비읍)	ㅆ(쌍시옷)	ㅉ(쌍지읒)
ㅐ(애)	ㅒ(얘)	ㅔ(에)	ㅖ(예)	ㅘ(와)
ㅙ(왜)	ㅚ(외)	ㅝ(워)	ㅞ(웨)	ㅟ(위)
ㅢ(의)				

[붙임2] 사전에 올릴 적의 자모 순서는 다음과 같이 정한다.

자음	ㄱ ㄲ ㄴ ㄷ ㄸ ㄹ ㅁ ㅂ ㅃ
	ㅅ ㅆ ㅇ ㅈ ㅉ ㅊ ㅋ ㅌ ㅍ ㅎ

모음	ㅏ ㅐ ㅑ ㅒ ㅓ ㅔ ㅕ ㅖ ㅗ ㅘ
	ㅙ ㅚ ㅛ ㅜ ㅝ ㅞ ㅟ ㅠ ㅡ ㅢ ㅣ

제3장 소리에 관한 것

제1절 된소리

제5항　한 단어 안에서 뚜렷한 까닭 없이 나는 된소리는 다음 음절의 첫소리를 된소리로 적는다.

1. 두 모음 사이에서 나는 된소리

소쩍새	어깨	오빠	으뜸	아끼다
기쁘다	깨끗하다	어떠하다	해쓱하다	가끔
거꾸로	부썩	어찌	이따금	

2. 'ㄴ, ㄹ, ㅁ, ㅇ' 받침 뒤에서 나는 된소리

산뜻하다	잔뜩	살짝	훨씬	담뿍
움찔	몽땅	엉뚱하다		

다만, 'ㄱ, ㅂ' 받침 뒤에서 나는 된소리는, 같은 음절이나 비슷한 음절이 겹쳐 나는 경우가 아니면 된소리로 적지 아니한다.

국수	깍두기	딱지	색시
싹둑(~싹둑)	법석	갑자기	몹시

제2절 구개음화

제6항　'ㄷ, ㅌ' 받침 뒤에 종속적 관계를 가진 '-이(-)'나 '-히-'가 올 적에는 그 'ㄷ, ㅌ'이 'ㅈ, ㅊ'으로 소리 나더라도 'ㄷ, ㅌ'으로 적는다. (ㄱ을 취하고, ㄴ을 버림.)

ㄱ	ㄴ	ㄱ	ㄴ
맏이	마지	핥이다	할치다
해돋이	해도지	걷히다	거치다
굳이	구지	닫히다	다치다
같이	가치	묻히다	무치다
끝이	끄치		

제3절 'ㄷ' 소리 받침

제7항   'ㄷ' 소리로 나는 받침 중에서 'ㄷ'으로 적을 근거가 없는 것은 'ㅅ'으로 적는다.

덧저고리	돗자리	엇셈	웃어른	핫옷
무릇	사뭇	얼핏	자칫하면	뭇[衆]
옛	첫	헛		

제4절 모음

제8항   '계, 례, 몌, 폐, 혜'의 'ㅖ'는 'ㅔ'로 소리 나는 경우가 있더라도 'ㅖ'로 적는다.
(ㄱ을 취하고, ㄴ을 버림.)

ㄱ	ㄴ	ㄱ	ㄴ
계수(桂樹)	게수	혜택(惠澤)	헤택
사례(謝禮)	사레	계집	게집
연몌(連袂)	연메	핑계	핑게
폐품(廢品)	페품	계시다	게시다

다만, 다음 말은 본음대로 적는다.

게송(偈頌)	게시판(揭示板)	휴게실(休憩室)

제9항   '의'나, 자음을 첫소리로 가지고 있는 음절의 'ㅢ'는
'ㅣ'로 소리 나는 경우가 있더라도 'ㅢ'로 적는다. (ㄱ을 취하고, ㄴ을 버림.)

ㄱ	ㄴ	ㄱ	ㄴ
의의(意義)	의이	닁큼	닝큼
본의(本義)	본이	띄어쓰기	띠어쓰기
무늬[紋]	무니	씌어	씨어
보늬	보니	틔어	티어
오늬	오니	희망(希望)	히망
하늬바람	하니바람	희다	히다
닁리리	닐리리	유희(遊戲)	유히

제5절 두음 법칙

제10항 한자음 '녀, 뇨, 뉴, 니'가 단어 첫머리에 올 적에는, 두음 법칙에 따라 '여, 요, 유, 이'로 적는다. (ㄱ을 취하고, ㄴ을 버림.)

ㄱ	ㄴ	ㄱ	ㄴ
여자(女子)	녀자	유대(紐帶)	뉴대
연세(年歲)	년세	이토(泥土)	니토
요소(尿素)	뇨소	익명(匿名)	닉명

다만, 다음과 같은 의존 명사에서는 '냐, 녀' 음을 인정한다.

냥(兩)	냥쭝(兩-)	년(年)(몇 년)

[붙임1] 단어의 첫머리 이외의 경우에는 본음대로 적는다.

남녀(男女)	당뇨(糖尿)	결뉴(結紐)	은닉(隱匿)

[붙임 2] 접두사처럼 쓰이는 한자가 붙어서 된 말이나 합성어에서, 뒷말의 첫소리가 'ㄴ' 소리로 나더라도 두음 법칙에 따라 적는다.

신여성(新女性)	공염불(空念佛)	남존여비(男尊女卑)

[붙임 3] 둘 이상의 단어로 이루어진 고유 명사를 붙여 쓰는 경우에도 붙임 2에 준하여 적는다.

한국여자대학	대한요소비료회사

제11항 한자음 '랴, 려, 례, 료, 류, 리'가 단어의 첫머리에 올 적에는, 두음 법칙에 따라 '야, 여, 예, 요, 유, 이'로 적는다. (ㄱ을 취하고, ㄴ을 버림.)

ㄱ	ㄴ	ㄱ	ㄴ
양심(良心)	량심	용궁(龍宮)	룡궁
역사(歷史)	력사	유행(流行)	류행
예의(禮義)	례의	이발(理髮)	리발

다만, 다음과 같은 의존 명사는 본음대로 적는다.

리(里): 몇 리냐?
리(理): 그럴 리가 없다.

[붙임1] 단어의 첫머리 이외의 경우에는 본음대로 적는다.

개량(改良)	선량(善良)	수력(水力)	협력(協力)
사례(謝禮)	혼례(婚禮)	와룡(臥龍)	쌍룡(雙龍)
하류(下流)	급류(急流)	도리(道理)	진리(眞理)

다만, 모음이나 'ㄴ' 받침 뒤에 이어지는 '렬, 률'은 '열, 율'로 적는다. (ㄱ을 취하고, ㄴ을 버림.)

ㄱ	ㄴ	ㄱ	ㄴ
나열(羅列)	나렬	분열(分裂)	분렬
치열(齒列)	치렬	선열(先烈)	선렬
비열(卑劣)	비렬	진열(陳列)	진렬
규율(規律)	규률	선율(旋律)	선률
비율(比率)	비률	전율(戰慄)	전률
실패율(失敗率)	실패률	백분율(百分率)	백분률

[붙임2] 외자로 된 이름을 성에 붙여 쓸 경우에도 본음대로 적을 수 있다.

신립(申砬)	최린(崔麟)	채륜(蔡倫)	하륜(河崙)

[붙임3] 준말에서 본음으로 소리 나는 것은 본음대로 적는다.

국련(국제 연합)	한시련(한국 시각 장애인 연합회)

[붙임4] 접두사처럼 쓰이는 한자가 붙어서 된 말이나 합성어에서, 뒷말의 첫소리가 'ㄴ' 또는 'ㄹ' 소리로 나더라도 두음 법칙에 따라 적는다.

역이용(逆利用)	연이율(年利率)	열역학(熱力學)
해외여행(海外旅行)		

[붙임5] 둘 이상의 단어로 이루어진 고유 명사를 붙여 쓰는 경우나 십진법에 따라 쓰는 수(數)도 붙임 4에 준하여 적는다.

서울여관	신흥이발관	육천육백육십육(六千六百六十六)

제12항 한자음 '라, 래, 로, 뢰, 루, 르'가 단어의 첫머리에 올 적에는, 두음 법칙에 따라 '나, 내, 노, 뇌, 누, 느'로 적는다. (ㄱ을 취하고, ㄴ을 버림.)

ㄱ	ㄴ	ㄱ	ㄴ
낙원(樂園)	락원	뇌성(雷聲)	뢰성
내일(來日)	래일	누각(樓閣)	루각
노인(老人)	로인	능묘(陵墓)	릉묘

[붙임 1] 단어의 첫머리 이외의 경우에는 본음대로 적는다.

쾌락(快樂)	극락(極樂)	거래(去來)	왕래(往來)
부로(父老)	연로(年老)	지뢰(地雷)	낙뢰(落雷)
고루(高樓)	광한루(廣寒樓)	동구릉(東九陵)	가정란(家庭爛)

[붙임 2] 접두사처럼 쓰이는 한자가 붙어서 된 단어는 뒷말을 두음 법칙에 따라 적는다.

내내월(來來月)	상노인(上老人)	중노동(重勞動)	비논리적(非論理的)

제6절 겹쳐 나는 소리

제13항 한 단어 안에서 같은 음절이나 비슷한 음절이 겹쳐 나는 부분은 같은 글자로 적는다. (ㄱ을 취하고, ㄴ을 버림.)

ㄱ	ㄴ	ㄱ	ㄴ
딱딱	딱닥	꼿꼿하다	꼿곳하다
쌕쌕	쌕색	놀놀하다	놀롤하다
씩씩	씩식	눅눅하다	눙눅하다
똑딱똑딱	똑닥똑닥	밋밋하다	민밋하다
쓱싹쓱싹	쓱삭쓱삭	싹싹하다	싹삭하다
연연불망(戀戀不忘)	연런불망	쌉쌀하다	쌉살하다
유유상종(類類相從)	유류상종	씁쓸하다	씁슬하다
누누이(屢屢—)	누루이	짭짤하다	짭잘하다

제4장 형태에 관한 것

제1절 체언과 조사

제14항 체언은 조사와 구별하여 적는다.

떡이	떡을	떡에	떡도	떡만
손이	손을	손에	떡도	손만
팔이	팔을	팔에	팔도	팔만
밤이	밤을	밤에	밤도	밤만
집이	집을	집에	집도	집만
옷이	옷을	옷에	옷도	옷만
콩이	콩을	콩에	콩도	콩만
낮이	낮을	낮에	낮도	낮만
꽃이	꽃을	꽃에	꽃도	꽃만
밭이	밭을	밭에	밭도	밭만
앞이	앞을	앞에	앞도	앞만
밖이	밖을	밖에	밖도	밖만
넋이	넋을	넋에	넋도	넋만
흙이	흙을	흙에	흙도	흙만
삶이	삶을	삶에	삶도	삶만
여덟이	여덟을	여덟에	여덟도	여덟만
곬이	곬을	곬에	곬도	곬만
값이	값을	값에	값도	값만

제2절 어간과 어미

제15항 용언의 어간과 어미는 구별하여 적는다.

먹다	먹고	먹어	먹으니
신다	신고	신어	신으니
믿다	믿고	믿어	믿으니

울다	울고	울어	(우니)
넘다	넘고	넘어	넘으니
입다	입고	입어	입으니
웃다	웃고	웃어	웃으니
찾다	찾고	찾아	찾으니
좇다	좇고	좇아	좇으니
같다	같고	같아	같으니
높다	높고	높아	높으니
좋다	좋고	좋아	좋으니
깎다	깎고	깎아	깎으니
앉다	앉고	앉아	앉으니
많다	많고	많아	많으니
늙다	늙고	늙어	늙으니
젊다	젊고	젊어	젊으니
넓다	넓고	넓어	넓으니
훑다	훑고	훑어	훑으니
읊다	읊고	읊어	읊으니
옳다	옳고	옳아	옳으니
없다	없고	없어	없으니
있다	있고	있어	있으니

[붙임 1] 두 개의 용언이 어울려 한 개의 용언이 될 적에, 앞말의 본뜻이 유지되고 있는 것은
그 원형을 밝히어 적고, 그 본뜻에서 멀어진 것은 밝히어 적지 아니한다.

(1) 앞말의 본뜻이 유지되고 있는 것

넘어지다	늘어나다	늘어지다	돌아가다	되짚어가다
들어가다	떨어지다	벌어지다	엎어지다	접어들다
들어지다	흩어지다			

(2) 본뜻에서 멀어진 것

드러나다	사라지다	쓰러지다

[붙임 2] 종결형에서 사용되는 어미 '-오'는 '요'로 소리 나는 경우가 있더라도
그 원형을 밝혀 '오'로 적는다. (ㄱ을 취하고, ㄴ을 버림.)

ㄱ	ㄴ
이것은 책이오.	이것은 책이요.
이리로 오시오.	이리로 오시요.
이것은 책이 아니오.	이것은 책이 아니요.

[붙임 3] 연결형에서 사용되는 '이요'는 '이요'로 적는다. (ㄱ을 취하고, ㄴ을 버림.)

ㄱ	ㄴ
이것은 책이요, 저것은 붓이요, 또 저것은 먹이다.	이것은 책이오, 저것은 붓이오, 또 저것은 먹이다.

제16항 어간의 끝 음절 모음이 'ㅏ, ㅗ'일 때에는 어미를 '-아'로 적고,
그 밖의 모음일 때에는 '-어'로 적는다.

1. '-아'로 적는 경우

나아	나아도	나아서
막아	막아도	막아서
얇아	얇아도	얇아서
돌아	돌아도	돌아서
보아	보아도	보아서

2. '-어'로 적는 경우

개어	개어도	개어서
겪어	겪어도	겪어서
되어	되어도	되어서
베어	베어도	베어서
쉬어	쉬어도	쉬어서
저어	저어도	저어서
주어	주어도	주어서
피어	피어도	피어서
희어	희어도	희어서

제17항 어미 뒤에 덧붙는 조사 '요'는 '요'로 적는다.

읽어	읽어요
참으리	참으리요
좋지	좋지요

제18항 다음과 같은 용언들은 어미가 바뀔 경우, 그 어간이나 어미가 원칙에 벗어나면 벗어나는 대로 적는다.

1. 어간의 끝 'ㄹ'이 줄어질 적

갈다 :	가니	간	갑니다	가시다	가오
놀다 :	노니	논	놉니다	노시다	노오
불다 :	부니	분	붑니다	부시다	부오
둥글다 :	둥그니	둥근	둥급니다	둥그시다	둥그오
어질다 :	어지니	어진	어집니다	어지시다	어지오

[붙임] 다음과 같은 말에서도 'ㄹ'이 준 대로 적는다.

마지못하다	마지않다
(하)다마다	(하)자마자
(하)지 마라	(하)지 마(아)

2. 어간의 끝 'ㅅ'이 줄어질 적

긋다 :	그어	그으니	그었다
낫다 :	나아	나으니	나았다
잇다 :	이어	이으니	이었다
짓다 :	지어	지으니	지었다

3. 어간의 끝 'ㅎ'이 줄어질 적

그렇다 :	그러니	그럴	그러면	그러오
까맣다 :	까마니	까말	까마면	까마오
동그랗다 :	동그라니	동그랄	동그라면	동그라오
퍼렇다 :	퍼러니	퍼럴	퍼러면	퍼러오
하얗다 :	하야니	하얄	하야면	하야오

4. 어간의 끝 'ㅜ, ㅡ'가 줄어질 적

푸다 :	퍼	펐다	**뜨다** :	떠	떴다
끄다 :	꺼	껐다	**크다** :	커	컸다
담그다 :	담가	담갔다	**고프다** :	고파	고팠다
따르다 :	따라	따랐다	**바쁘다** :	바빠	바빴다

5. 어간의 끝 'ㄷ'이 'ㄹ'로 바뀔 적

걷다[步] :	걸어	걸으니	걸었다
듣다[聽] :	들어	들으니	들었다
묻다[問] :	물어	물으니	물었다
싣다[載] :	실어	실으니	실었다

6. 어간의 끝 'ㅂ'이 'ㅜ'로 바뀔 적

깁다 :	기워	기우니	기웠다
굽다[炙] :	구워	구우니	구웠다
가깝다 :	가까워	가까우니	가까웠다
괴롭다 :	괴로워	괴로우니	괴로웠다
맵다 :	매워	매우니	매웠다
무겁다 :	무거워	무거우니	무거웠다
밉다 :	미워	미우니	미웠다
쉽다 :	쉬워	쉬우니	쉬웠다

다만, '돕-, 곱-'과 같은 단음절 어간에 어미 '-아'가 결합되어 '와'로 소리 나는 것은 '-와'로 적는다.

돕다[助] :	도와	도와서	도와도	도왔다
곱다[麗] :	고와	고와서	고와도	고왔다

7. '하다'의 활용에서 어미 '-아'가 '-여'로 바뀔 적

하다 :	하여	하여서	하여도	하여라	하였다

8. 어간의 끝음절 '르' 뒤에 오는 어미 '-어'가 '-러'로 바뀔 적

이르다[至] :	이르러	이르렀다	**누르다** :	누르러	누르렀다
노르다 :	노르러	노르렀다	**푸르다** :	푸르러	푸르렀다

9. 어간의 끝음절 '르'의 'ㅡ'가 줄고, 그 뒤에 오는 어미 '-아/-어'가 '-라/-러'로 바뀔 적

가르다 :	갈라	갈랐다	**부르다** :	불러	불렀다
거르다 :	걸러	걸렀다	**오르다** :	올라	올랐다
구르다 :	굴러	굴렀다	**이르다** :	일러	일렀다
벼르다 :	별러	별렀다	**지르다** :	질러	질렀다

제3절 접미사가 붙어서 된 말

제19항 어간에 '-이'나 '-음/-ㅁ'이 붙어서 명사로 된 것과 '-이'나 '-히'가 붙어서 부사로 된 것은 그 어간의 원형을 밝히어 적는다.

1. '-이'가 붙어서 명사로 된 것

| 길이 | 깊이 | 높이 | 다듬이 | 땀받이 | 달맞이 |
| 먹이 | 미닫이 | 벌이 | 벼훑이 | 살림살이 | 쇠붙이 |

2. '-음/-ㅁ'이 붙어서 명사로 된 것

| 걸음 | 묶음 | 믿음 | 얼음 | 엮음 | 울음 |
| 웃음 | 졸음 | 죽음 | 앎 | | |

3. '-이'가 붙어서 부사로 된 것

| 같이 | 굳이 | 길이 | 높이 | 많이 | 실없이 |
| 좋이 | 짓궂이 | | | | |

4. '-히'가 붙어서 부사로 된 것

| 밝히 | 익히 | 작히 |

다만, 어간에 '-이'나 '-음'이 붙어서 명사로 바뀐 것이라도 그 어간의 뜻과 멀어진 것은 원형을 밝히어 적지 아니한다.

| 굽도리 | 다리[髢] | 목거리(목병) | 무녀리 |
| 코끼리 | 거름(비료) | 고름[膿] | 노름(도박) |

[붙임] 어간에 '-이'나 '-음' 이외의 모음으로 시작된 접미사가 붙어서 다른 품사로 바뀐 것은 그 어간의 원형을 밝히어 적지 아니한다.

(1) 명사로 바뀐 것

귀머거리	까마귀	너머	뜨더귀	마감	마개
마중	무덤	비렁뱅이	쓰레기	올가미	주검

(2) 부사로 바뀐 것

거뭇거뭇	너무	도로	뜨덤뜨덤	바투
불긋불긋	비로소	오긋오긋	자주	차마

(3) 조사로 바뀌어 뜻이 달라진 것

나마	부터	조차

제20항 명사 뒤에 '-이'가 붙어서 된 말은 그 명사의 원형을 밝히어 적는다.

1. 부사로 된 것

곳곳이	낱낱이	몫몫이	샅샅이	앞앞이	집집이

2. 명사로 된 것

곰배팔이	바둑이	삼발이	애꾸눈이	육손이	절뚝발이/절름발이

[붙임] '-이' 이외의 모음으로 시작된 접미사가 붙어서 된 말은 그 명사의 원형을 밝히어 적지 아니한다.

꼬락서니	끄트머리	모가치	바가지	바깥	사타구니
싸라기	이파리	지붕	지푸라기	짜개	

제21항 명사나 혹은 용언의 어간 뒤에 자음으로 시작된 접미사가 붙어서 된 말은 그 명사나 어간의 원형을 밝히어 적는다.

1. 명사 뒤에 자음으로 시작된 접미사가 붙어서 된 것

값지다	홑지다	넋두리	빛깔	옆댕이	잎사귀

2. 어간 뒤에 자음으로 시작된 접미사가 붙어서 된 것

낚시	늙정이	덮개	뜯게질
갉작갉작하다	갉작거리다	뜯적거리다	뜯적뜯적하다

굵다랗다	굵직하다	깊숙하다	넓적하다
높다랗다	늙수그레하다	얽죽얽죽하다	

다만, 다음과 같은 말은 소리대로 적는다.
(1) 겹받침의 끝소리가 드러나지 아니하는 것

할짝거리다	널따랗다	널찍하다	말끔하다	말쑥하다
말짱하다	실쭉하다	실큼하다	얄따랗다	얄팍하다
짤따랗다	짤막하다	실컷		

(2) 어원이 분명하지 아니하거나 본뜻에서 멀어진 것

넙치	올무	골막하다	납작하다

제22항 용언의 어간에 다음과 같은 접미사들이 붙어서 이루어진 말들은 그 어간을 밝히어 적는다.
1. '-기-, -리-, -이-, -히-, -구-, -우-, -추-, -으키-, -이키-, -애-'가 붙는 것

맡기다	옮기다	웃기다	쫓기다	뚫리다	울리다
낚이다	쌓이다	핥이다	굳히다	굽히다	넓히다
앉히다	얽히다	잡히다	돋구다	솟구다	돋우다
갖추다	곧추다	맞추다	일으키다	돌이키다	없애다

다만, '-이-, -히-, -우-'가 붙어서 된 말이라도 본뜻에서 멀어진 것은 소리대로 적는다.

도리다(칼로~)	드리다(용돈을~)	고치다
바치다(세금을~)	부치다(편지를~)	거두다
미루다	이루다	

2. '-치-, -뜨리-, -트리-'가 붙는 것

놓치다	덮치다	떠받치다	받치다	밭치다
부딪치다	뻗치다	엎치다	부딪뜨리다/부딪트리다	
쏟뜨리다/쏟트리다		젖뜨리다/젖트리다		
찢뜨리다/찢트리다		흩뜨리다/흩트리다		

[붙임] '-업-, -읍-, -브-'가 붙어서 된 말은 소리대로 적는다.

미덥다	우습다	미쁘다

제23항 '-하다'나 '-거리다'가 붙는 어근에 '-이'가 붙어서 명사가 된 것은 그 원형을 밝히어 적는다.
(ㄱ을 취하고, ㄴ을 버림.)

ㄱ	ㄴ	ㄱ	ㄴ
깔쭉이	깔쭈기	살살이	살사리
꿀꿀이	꿀꾸리	쌕쌕이	쌕쌔기
눈깜짝이	눈깜짜기	오뚝이	오뚜기
더펄이	더퍼리	코납작이	코납자기
배불뚝이	배불뚜기	푸석이	푸서기
삐죽이	삐주기	홀쭉이	홀쭈기

[붙임] '-하다'나 '-거리다'가 붙을 수 없는 어근에 '-이'나 또는 다른 모음으로 시작되는 접미사가 붙어서 명사가 된 것은 그 원형을 밝히어 적지 아니한다.

개구리	귀뚜라미	기러기	깍두기	꽹과리	날라리
누더기	동그라미	두드러기	딱따구리	매미	부스러기
뻐꾸기	얼루기	칼싹두기			

제24항 '-거리다'가 붙을 수 있는 시늉말 어근에 '-이다'가 붙어서 된 용언은 그 어근을 밝히어 적는다.
(ㄱ을 취하고, ㄴ을 버림.)

ㄱ	ㄴ	ㄱ	ㄴ
깜짝이다	깜짜기다	속삭이다	속사기다
꾸벅이다	꾸버기다	숙덕이다	숙더기다
끄덕이다	끄더기다	울먹이다	울머기다
뒤척이다	뒤처기다	움직이다	움지기다
들먹이다	들머기다	지껄이다	지꺼리다
망설이다	망서리다	퍼덕이다	퍼더기다
번득이다	번드기다	허덕이다	허더기다
번쩍이다	번쩌기다	헐떡이다	헐떠기다

제25항 '-하다'가 붙는 어근에 '-히'나 '-이'가 붙어서 부사가 되거나, 부사에 '-이'가 붙어서 뜻을 더하는 경우에는 그 어근이나 부사의 원형을 밝히어 적는다.

1. '-하다'가 붙는 어근에 '-히'나 '-이'가 붙는 경우

급히	꾸준히	도저히	딱히	어렴풋이	깨끗이

[붙임] '-하다'가 붙지 않는 경우에는 반드시 소리대로 적는다.

갑자기	반드시(꼭)	슬며시

2. 부사에 '-이'가 붙어서 역시 부사가 되는 경우

곰곰이	더욱이	생긋이	오뚝이
일찍이	해죽이		

제26항 '-하다'나 '-없다'가 붙어서 된 용언은 그 '-하다'나 '-없다'를 밝히어 적는다.

1. '-하다'가 붙어서 용언이 된 것

딱하다	숱하다	착하다	텁텁하다	푹하다

2. '-없다'가 붙어서 용언이 된 것

부질없다	상없다	시름없다	열없다	하염없다

제4절 합성어 및 접두사가 붙은 말

제27항 둘 이상의 단어가 어울리거나 접두사가 붙어서 이루어진 말은 각각 그 원형을 밝히어 적는다.

국말이	꺾꽂이	꽃잎	끝장	물난리
밑천	부엌일	싫증	옷안	웃옷
젖몸살	첫아들	칼날	팥알	헛웃음
홀아비	홑몸	흙내		
값없다	겉늙다	굶주리다	낮잡다	맞먹다
받내다	벋놓다	빗나가다	빛나다	새파랗다
샛노랗다	시꺼멓다	싯누렇다	엇나가다	엎누르다
엿듣다	옻오르다	짓이기다	헛되다	

[붙임 1] 어원은 분명하나 소리만 특이하게 변한 것은 변한 대로 적는다.

할아버지	할아범

[붙임 2] 어원이 분명하지 아니한 것은 원형을 밝히어 적지 아니한다.

골병	골탕	끌탕	며칠
아재비	오라비	업신여기다	부리나케

[붙임 3] '이[齒, 虱]'가 합성어나 이에 준하는 말에서 '니' 또는 '리'로 소리 날 때에는 '니'로 적는다.

간니	덧니	사랑니	송곳니	앞니	어금니
윗니	젖니	톱니	틀니	가랑니	머릿니

제28항 끝소리가 'ㄹ'인 말과 딴 말이 어울릴 적에 'ㄹ' 소리가 나지 아니하는 것은 아니 나는 대로 적는다.

다달이(달-달-이)	따님(딸-님)	마되(말-되)
마소(말-소)	무자위(물-자위)	바느질(바늘-질)
부삽(불-삽)	부손(불-손)	싸전(쌀-전)
여닫이(열-닫이)	우짖다(울-짖다)	화살(활-살)

제29항 끝소리가 'ㄹ'인 말과 딴 말이 어울릴 적에 'ㄹ' 소리가 'ㄷ' 소리로 나는 것은 'ㄷ'으로 적는다.

반짇고리(바느질~)	사흗날(사흘~)	삼짇날(삼질~)
섣달(설~)	숟가락(술~)	이튿날(이틀~)
잗주름(잘~)	푿소(풀~)	섣부르다(설~)
잗다듬다(잘~)	잗다랗다(잘~)	

제30항 사이시옷은 다음과 같은 경우에 받치어 적는다.

1. 순우리말로 된 합성어로서 앞말이 모음으로 끝난 경우

(1) 뒷말의 첫소리가 된소리로 나는 것

고랫재	귓밥	나룻배	나뭇가지	냇가	댓가지
뒷갈망	맷돌	머릿기름	모깃불	못자리	바닷가
뱃길	볏가리	부싯돌	선짓국	쇳조각	아랫집
우렁잇속	잇자국	잿더미	조갯살	찻집	쳇바퀴
킷값	핏대	햇볕	혓바늘		

(2) 뒷말의 첫소리 'ㄴ, ㅁ' 앞에서 'ㄴ' 소리가 덧나는 것

멧나물	아랫니	텃마당	아랫마을	뒷머리
잇몸	깻묵	냇물	빗물	

(3) 뒷말의 첫소리 모음 앞에서 'ㄴㄴ' 소리가 덧나는 것

도리깻열	뒷윷	두렛일	뒷일	뒷입맛
베갯잇	욧잇	깻잎	나뭇잎	댓잎

2. 순우리말과 한자어로 된 합성어로서 앞말이 모음으로 끝난 경우

(1) 뒷말의 첫소리가 된소리로 나는 것

귓병	머릿방	뱃병	봇둑	사잣밥
샛강	아랫방	자릿세	전셋집	찻잔
찻종	촛국	콧병	탯줄	텃세
핏기	햇수	횟가루	횟배	

(2) 뒷말의 첫소리 'ㄴ, ㅁ' 앞에서 'ㄴ' 소리가 덧나는 것

곗날	제삿날	훗날	툇마루	양칫물

(3) 뒷말의 첫소리 모음 앞에서 'ㄴㄴ'소리가 덧나는 것

가욋일	사삿일	예삿일	훗일

3. 두 음절로 된 다음 한자어

곳간(庫間)	셋방(貰房)	숫자(數字)
찻간(車間)	툇간(退間)	횟수(回數)

제31항 두 말이 어울릴 적에 'ㅂ' 소리나 'ㅎ' 소리가 덧나는 것은 소리대로 적는다.

1. 'ㅂ' 소리가 덧나는 것

댑싸리(대ㅂ싸리)	멥쌀(메ㅂ쌀)	볍씨(벼ㅂ씨)
입때(이ㅂ때)	입쌀(이ㅂ쌀)	접때(저ㅂ때)
좁쌀(조ㅂ쌀)	햅쌀(해ㅂ쌀)	

2. 'ㅎ' 소리가 덧나는 것

머리카락(머리ㅎ가락)	살코기(살ㅎ고기)	수캐(수ㅎ개)
수컷(수ㅎ것)	수탉(수ㅎ닭)	안팎(안ㅎ밖)
암캐(암ㅎ개)	암컷(암ㅎ것)	암탉(암ㅎ닭)

제 5 절 준말

제32항 단어의 끝모음이 줄어지고 자음만 남은 것은 그 앞의 음절에 받침으로 적는다.

본말	준말	본말	준말
기러기야	기럭아	가지고, 가지지	갖고, 갖지
어제그저께	엊그저께	디디고, 디디지	딛고, 딛지
어제저녁	엊저녁		

제33항 체언과 조사가 어울려 줄어지는 경우에는 준 대로 적는다.

본말	준말	본말	준말
그것은	그건	너는	넌
그것이	그게	너를	널
그것으로	그걸로	무엇을	뭣을/무얼/뭘
나는	난	무엇이	뭣이/무에
나를	날		

제34항　모음 'ㅏ, ㅓ'로 끝난 어간에 '-아/-어, -았-/-었-'이 어울릴 적에는 준 대로 적는다.

본말	준말	본말	준말
가아	가	가았다	갔다
나아	나	나았다	났다
타아	타	타았다	탔다
서어	서	서었다	섰다
켜어	켜	켜었다	켰다
펴어	펴	펴었다	폈다

[붙임 1] 'ㅐ, ㅔ' 뒤에 '-어, -었-'이 어울려 줄 적에는 준 대로 적는다.

본말	준말	본말	준말
개어	개	개었다	갰다
내어	내	내었다	냈다
베어	베	베었다	벴다
세어	세	세었다	셌다

[붙임 2] '하여'가 한 음절로 줄어서 '해'로 될 적에는 준 대로 적는다.

본말	준말	본말	준말
하여	해	하였다	했다
더하여	더해	더하였다	더했다
흔하여	흔해	흔하였다	흔했다

제35항　모음 'ㅗ, ㅜ'로 끝난 어간에 '-아/-어, -았-/-었-'이 어울려 'ㅘ/ㅝ, ㅘㅆ/ㅝㅆ'으로 될 적에는 준 대로 적는다.

본말	준말	본말	준말
꼬아	꽈	꼬았다	꽜다
보아	봐	보았다	봤다
쏘아	쏴	쏘았다	쐈다
두어	둬	두었다	뒀다
쑤어	쒀	쑤었다	쒔다
주어	줘	주었다	줬다

[붙임 1] '놓아'가 '놔'로 줄 적에는 준 대로 적는다.

[붙임 2] 'ㅚ' 뒤에 '-어, -었-'이 어울려 'ㅙ, ㅙㅆ'으로 될 적에도 준 대로 적는다.

본말	준말	본말	준말
괴어	괘	괴었다	괬다
되어	돼	되었다	됐다
뵈어	봬	뵈었다	뵀다
쇠어	쇄	쇠었다	쇘다
쐬어	쐐	쐬었다	쐤다

제36항 'ㅣ' 뒤에 '-어'가 와서 'ㅕ'로 줄 적에는 준 대로 적는다.

본말	준말	본말	준말
가지어	가져	가지었다	가졌다
견디어	견뎌	견디었다	견뎠다
다니어	다녀	다니었다	다녔다
막히어	막혀	막히었다	막혔다
버티어	버텨	버티었다	버텼다
치이어	치여	치이었다	치였다

제37항 'ㅏ, ㅕ, ㅗ, ㅜ, ㅡ'로 끝난 어간에 '-이-'가 와서 각각 'ㅐ, ㅖ, ㅚ, ㅟ, ㅢ'로 줄 적에는 준 대로 적는다.

본말	준말	본말	준말
싸이다	쌔다	누이다	뉘다
펴이다	폐다	뜨이다	띄다
보이다	뵈다	쓰이다	씌다

제38항 'ㅏ, ㅗ, ㅜ, ㅡ' 뒤에 '-이어'가 어울려 줄어질 적에는 준 대로 적는다.

본말	준말		본말	준말	
싸이어	쌔어	싸여	뜨이어	띄어	
보이어	뵈어	보여	쓰이어	씌어	쓰여
쏘이어	쐬어	쏘여	트이어	틔어	트여
누이어	뉘어	누여			

제39항 어미 '-지' 뒤에 '않-'이 어울려 '-잖-'이 될 적과 '-하지' 뒤에 '않-'이 어울려 '찮-'이 될 적에는 준 대로 적는다.

본말	준말	본말	준말
그렇지 않은	그렇잖은	만만하지 않다	만만찮다
적지 않은	적잖은	변변하지 않다	변변찮다

제40항 어간의 끝 음절 '하'의 'ㅏ'가 줄고 'ㅎ'이 다음 음절의 첫소리와 어울려 거센소리로 될 적에는 거센소리로 적는다.

본말	준말	본말	준말
간편하게	간편케	다정하다	다정타
연구하도록	연구토록	정결하다	정결타
가하다	가타	흔하다	흔타

[붙임 1] 'ㅎ'이 어간의 끝소리로 굳어진 것은 받침으로 적는다.

본말	준말	본말	준말
않다	않고	않지	않든지
그렇다	그렇고	그렇지	그렇든지
아무렇다	아무렇고	아무렇지	아무렇든지
어떻다	어떻고	어떻지	어떻든지
이렇다	이렇고	이렇지	이렇든지
저렇다	저렇고	저렇지	저렇든지

[붙임 2] 어간의 끝 음절 '하'가 아주 줄 적에는 준 대로 적는다.

본말	준말	본말	준말
거북하지	거북지	넉넉하지 않다	넉넉지 않다
생각하건대	생각건대	못하지 않다	못지않다
생각하다 못해	생각다 못해	섭섭하지 않다	섭섭지 않다
깨끗하지 않다	깨끗지 않다	익숙하지 않다	익숙지 않다

[붙임 3] 다음과 같은 부사는 소리대로 적는다.

결단코	결코	기필코	무심코	아무튼	요컨대
정녕코	필연코	하마터면	하여튼	한사코	

제5장 띄어쓰기

제1절 조사

제41항   조사는 그 앞말에 붙여 쓴다.

꽃이	꽃마저	꽃밖에	꽃에서부터	꽃으로만	꽃이나마	꽃이다
꽃입니다	꽃처럼	어디까지나	거기도	멀리는	웃고만	

제2절 의존 명사, 단위를 나타내는 명사 및 열거하는 말 등

제42항   의존 명사는 띄어 쓴다.

아는 것이 힘이다.	나도 할 수 있다.
먹을 만큼 먹어라.	아는 이를 만났다.
네가 뜻한 바를 알겠다.	그가 떠난 지가 오래다.

제43항   단위를 나타내는 명사는 띄어 쓴다.

한 개	차 한 대	금 서 돈
소 한 마리	옷 한 벌	열 살
조기 한 손	연필 한 자루	버선 한 죽
집 한 채	신 두 켤레	북어 한 쾌

다만, 순서를 나타내는 경우나 숫자와 어울리어 쓰이는 경우에는 붙여 쓸 수 있다.

두시 삼십분 오초	제일과	삼학년	육층
1446년 10월 9일	2대대	16동 502호	제1실습실
80원	10개	7미터	

제44항   수를 적을 적에는 '만(萬)' 단위로 띄어 쓴다.

십이억 삼천사백오십육만 칠천팔백구십팔	12억 3456만 7898

제45항 두 말을 이어 주거나 열거할 적에 쓰이는 다음의 말들은 띄어 쓴다.

국장 겸 과장	열 내지 스물
청군 대 백군	책상, 걸상 등이 있다
이사장 및 이사들	사과, 배, 귤 등등
사과, 배 등속	부산, 광주 등지

제46항 단음절로 된 단어가 연이어 나타날 적에는 붙여 쓸 수 있다.

좀더 큰것	이말 저말	한잎 두잎

제3절 보조 용언

제47항 보조 용언은 띄어 씀을 원칙으로 하되, 경우에 따라 붙여 씀도 허용한다.
(ㄱ을 원칙으로 하고, ㄴ을 허용함.)

ㄱ	ㄴ
불이 꺼져 간다.	불이 꺼져간다.
내 힘으로 막아 낸다.	내 힘으로 막아낸다.
어머니를 도와 드린다.	어머니를 도와드린다.
그릇을 깨뜨려 버렸다.	그릇을 깨뜨려버렸다.
비가 올 듯하다.	비가 올듯하다.
그 일은 할 만하다.	그 일은 할만하다.
일이 될 법하다.	일이 될법하다.
비가 올 성싶다.	비가 올성싶다.
잘 아는 척한다.	잘 아는척한다.

다만, 앞말에 조사가 붙거나 앞말이 합성 용언인 경우, 그리고 중간에 조사가 들어갈 적에는 그 뒤에 오는 보조 용언은 띄어 쓴다.

잘도 놀아만 나는구나!	책을 읽어도 보고……
네가 덤벼들어 보아라.	이런 기회는 다시없을 듯하다.
그가 올 듯도 하다.	잘난 체를 한다.

제4절 고유 명사 및 전문 용어

제48항 성과 이름, 성과 호 등은 붙여 쓰고, 이에 덧붙는 호칭어, 관직명 등은 띄어 쓴다.

김양수(金良洙)	서화담(徐花潭)	채영신 씨
최치원 선생	박동식 박사	충무공 이순신 장군

다만, 성과 이름, 성과 호를 분명히 구분할 필요가 있을 경우에는 띄어 쓸 수 있다.

남궁억/남궁 억	독고준/독고 준	황보지봉(皇甫芝峰)/황보 지봉

제49항 성명 이외의 고유명사는 단어별로 띄어 씀을 원칙으로 하되, 단위별로 띄어 쓸 수 있다.
(ㄱ을 원칙으로 하고, ㄴ을 허용함.)

ㄱ	ㄴ
대한 중학교	대한중학교
한국 대학교 사범 대학	한국대학교 사범대학

제50항 전문 용어는 단어별로 띄어 씀을 원칙으로 하되, 붙여 쓸 수 있다.
(ㄱ을 원칙으로 하고, ㄴ을 허용함.)

ㄱ	ㄴ
만성 골수성 백혈병	만성골수성백혈병
중거리 탄도 유도탄	중거리탄도유도탄

제6장 그 밖의 것

제51항 부사의 끝 음절이 분명히 '이'로만 나는 것은 '-이'로 적고, '히'로만 나거나 '이'나 '히'로 나는 것은 '히-'로 적는다.

1. '이'로만 나는 것

가붓이	깨끗이	나붓이	느긋이	둥긋이
따뜻이	반듯이	버젓이	산뜻이	의젓이
가까이	고이	날카로이	대수로이	번거로이
많이	적이	헛되이		
겹겹이	번번이	일일이	집집이	틈틈이

2. '히'로만 나는 것

극히	급히	딱히	속히	작히
족히	특히	엄격히	정확히	

3. '이, 히'로 나는 것

솔직히	가만히	간편히	나른히	무단히
각별히	소홀히	쓸쓸히	정결히	과감히
꼼꼼히	심히	열심히	급급히	답답히
섭섭히	공평히	능히	당당히	분명히
상당히	조용히	간소히	고요히	도저히

제52항 한자어에서 본음으로도 나고 속음으로도 나는 것은 각각 그 소리에 따라 적는다.

본음으로 나는 것	속음으로 나는 것
승낙(承諾)	수락(受諾), 쾌락(快諾), 허락(許諾)
만난(萬難)	곤란(困難), 논란(論難)
안녕(安寧)	의령(宜寧), 회령(會寧)
분노(忿怒)	대로(大怒), 희로애락(喜怒哀樂)
토론(討論)	의논(議論)
오륙십(五六十)	오뉴월, 유월(六月)
목재(木材)	모과(木瓜)

본음으로 나는 것	속음으로 나는 것
십일(十日)	시방정토(十方淨土), 시왕(十王), 시월(十月)
팔일(八日)	초파일(初八日)

제53항 다음과 같은 어미는 예사소리로 적는다. (ㄱ을 취하고, ㄴ을 버림.)

ㄱ	ㄴ	ㄱ	ㄴ
-(으)ㄹ거나	-(으)ㄹ꺼나	-(으)ㄹ지니라	-(으)ㄹ찌니라
-(으)ㄹ걸	-(으)ㄹ껄	-(으)ㄹ지라도	-(으)ㄹ찌라도
-(으)ㄹ게	-(으)ㄹ께	-(으)ㄹ지어다	-(으)ㄹ찌어다
-(으)ㄹ세	-(으)ㄹ쎄	-(으)ㄹ지언정	-(으)ㄹ찌언정
-(으)ㄹ세라	-(으)ㄹ쎄라	-(으)ㄹ진대	-(으)ㄹ찐대
-(으)ㄹ수록	-(으)ㄹ쑤록	-(으)ㄹ진저	-(으)ㄹ찐저
-(으)ㄹ시	-(으)ㄹ씨	-올시다	-올씨다
-(으)ㄹ지	-(으)ㄹ찌		

다만, 의문을 나타내는 다음 어미들은 된소리로 적는다.

-(으)ㄹ까?   -(으)ㄹ꼬?   -(스)ㅂ니까?

-(으)리까?   -(으)ㄹ쏘냐?

제54항 다음과 같은 접미사는 된소리로 적는다. (ㄱ을 취하고, ㄴ을 버림.)

ㄱ	ㄴ	ㄱ	ㄴ
심부름꾼	심부름군	귀때기	귓대기
익살꾼	익살군	볼때기	볼대기
일꾼	일군	판자때기	판잣대기
장꾼	장군	뒤꿈치	뒤굼치
장난꾼	장난군	팔꿈치	팔굼치
지게꾼	지겟군	이마빼기	이맛배기
때깔	땟갈	코빼기	콧배기
빛깔	빛갈	객쩍다	객적다
성깔	성갈	겸연쩍다	겸연적다

제55항 두 가지로 구별하여 적던 다음 말들은 한 가지로 적는다. (ㄱ을 취하고, ㄴ을 버림.)

ㄱ	ㄴ
맞추다(입을 맞춘다. 양복을 맞춘다)	마추다
뻗치다(다리를 뻗친다. 멀리 뻗친다)	뻐치다

제56항 '-더라, -던'과 '-든지'는 다음과 같이 적는다.

1. 지난 일을 나타내는 어미는 '-더라, -던'으로 적는다. (ㄱ을 취하고, ㄴ을 버림.)

ㄱ	ㄴ
지난겨울은 몹시 춥더라.	지난겨울은 몹시 춥드라.
깊던 물이 얕아졌다.	깊든 물이 얕아졌다.
그렇게 좋던가?	그렇게 좋든가?
그 사람 말 잘하던데!	그 사람 말 잘하든데!
얼마나 놀랐던지 몰라.	얼마나 놀랐든지 몰라.

2. 물건이나 일의 내용을 가리지 아니하는 뜻을 나타내는 조사와 어미는 '(-)든지'로 적는다.
   (ㄱ을 취하고, ㄴ을 버림.)

ㄱ	ㄴ
배든지 사과든지 마음대로 먹어라.	배던지 사과던지 마음대로 먹어라.
가든지 오든지 마음대로 해라.	가던지 오던지 마음대로 해라.

제57항 다음 말들은 각각 구별하여 적는다.

가름	둘로 가름.
갈음	새 책상으로 갈음하였다.

거름	풀을 썩힌 거름.
걸음	빠른 걸음.

거치다	영월을 거쳐 왔다.
걷히다	외상값이 잘 걷힌다.

걷잡다	걷잡을 수 없는 상태.
겉잡다	겉잡아서 이틀 걸릴 일.

그러므로(그러니까)	그는 부지런하다. 그러므로 잘 산다.
그럼으로(써) (그렇게 하는 것으로)	그는 열심히 공부한다. 그럼으로(써) 은혜에 보답한다.

노름	노름판이 벌어졌다.
놀음(놀이)	즐거운 놀음.

느리다	진도가 너무 느리다.
늘이다	고무줄을 늘인다.
늘리다	수출량을 더 늘린다.

다리다	옷을 다린다.
달이다	약을 달인다.

다치다	부주의로 손을 다쳤다.
닫히다	문이 저절로 닫혔다.
닫치다	문을 힘껏 닫쳤다.

마치다	벌써 일을 마쳤다.
맞히다	여러 문제를 더 맞혔다.

목거리	목거리가 덧났다.
목걸이	금목걸이, 은목걸이.

바치다	나라를 위해 목숨을 바쳤다.
받치다	우산을 받치고 간다. 책받침을 받친다.
받히다	쇠뿔에 받혔다.
밭치다	술을 체에 밭친다.

반드시	약속은 반드시 지켜라.
반듯이	고개를 반듯이 들어라.

부딪치다	차와 차가 마주 부딪쳤다.
부딪히다	마차가 화물차에 부딪혔다.

부치다	힘이 부치는 일이다. 편지를 부친다. 논밭을 부친다. 빈대떡을 부친다. 식목일에 부치는 글. 회의에 부치는 안건. 인쇄에 부치는 원고. 삼촌 집에 숙식을 부친다.
붙이다	우표를 붙인다. 책상을 벽에 붙였다. 흥정을 붙인다. 불을 붙인다. 감시원을 붙인다. 조건을 붙인다. 취미를 붙인다. 별명을 붙인다.

시키다	일을 시킨다.
식히다	끓인 물을 식힌다.

아름	세 아름 되는 둘레.
알음	전부터 알음이 있는 사이.
앎	앎이 힘이다.

안치다	밥을 안친다.
앉히다	윗자리에 앉힌다.

어름	두 물건의 어름에서 일어난 현상.
얼음	얼음이 얼었다.

이따가	이따가 오너라.
있다가	돈은 있다가도 없다.

저리다	다친 다리가 저린다.
절이다	김장 배추를 절인다.

조리다	생선을 조린다. 통조림, 병조림.
졸이다	마음을 졸인다.

주리다	여러 날을 주렸다.
줄이다	비용을 줄인다.

하노라고	하노라고 한 것이 이 모양이다.
하느라고	공부하느라고 밤을 새웠다.

-느니보다(어미)	나를 찾아오느니보다 집에 있거라.
-는 이보다(의존 명사)	오는 이가 가는 이보다 많다.

-(으)리만큼(어미)	나를 미워하리만큼 그에게 잘못한 일이 없다.
-(으)ㄹ 이만큼(의존 명사)	찬성할 이도 반대할 이만큼이나 많을 것이다.

-(으)러 (목적)	공부하러 간다.
-(으)려 (의도)	서울 가려 한다.

-(으)로서 (자격)	사람으로서 그럴 수는 없다.
-(으)로써 (수단)	닭으로써 꿩을 대신했다.

-(으)므로(어미)	그가 나를 믿으므로 나도 그를 믿는다.
(-ㅁ, -음)으로(써)(조사)	그는 믿음으로(써) 산 보람을 느꼈다.

참고문헌

참고문헌

강희숙, 2003,『국어 정서법의 이해』, 역락.

강희숙, 2007,『시로 읽는 국어 정서법』, 글누림.

고영근, 1987,『표준 중세국어문법론』, 탑출판사.

고창운, 2006,『한글 맞춤법 해설과 이해』, 경진문화사.

국립국어원, 2001,『한국 어문 규정집』, 국립국어연구원.

국립국어연구원, 2001,『국어연구원에 물어 보았어요-국어 생활 질의응답 자료집(일반
　　용)-』, 국립국어연구원.

김남미, 2020,『더 맞춤법』, 태학사.

김정태, 2005,『한글맞춤법의 이해와 실제』, 충남대학교출판부.

김주미, 2005,『현대인의 바른 국어 생활』, 경진문화사.

김진규, 2005,『맞춤법과 표준어』, 공주대학교출판부.

김진호, 2006,『재미있는 한국어 이야기』, 박이정.

김진호, 2012,『생활 속 글쓰기의 어문 규범』, 박이정.

나찬연, 2003,『한글 맞춤법의 이해』, 월인.

남기심·고영근, 1993,『표준국어문법론』(개정판), 탑출판사.

남영신, 2002,『나의 한국어 바로 쓰기 노트』, 까치.

남태현, 1999,『새한글 맞춤법 띄어쓰기와 교정의 실제』, 연암출판사.

리의도, 2004,『이야기 한글 맞춤법』(다듬판) 석필.

리의도, 2005,『올바른 우리말 사용법』, 예담.

문교부, 1988,『국어 어문 규정집』, 대한교과서주식회사.

미승우, 2000,『새 맞춤법과 교정의 실제』, 어문각.

박갑수, 1994,『올바른 언어생활』, 한샘출판사.

박갑수, 1999,『아름다운 우리말 가꾸기』, 집문당.

박종덕, 2008,『한글 맞춤법 연구』, 파미르.

서덕주, 2013, 『한글 맞춤법과 어법』, 형설.

성기지, 1997, 『맞춤법 사슬을 풀어주는 27개의 열쇠』, 박이정.

성기지, 2000, 『생활 속의 맞춤법 이야기』, 역락.

신창순, 1992, 『국어정서법연구』, 집문당.

연규동, 1998, 『통일시대의 한글맞춤법』, 박이정.

유태영, 2007, 『한글 맞춤법』, 신구문화사.

이관규 외 4인, 2012, 『차곡차곡 익히는 우리말 우리글』1.2, 박이정.

이석주 외 5인, 2002, 『대중매체와 언어』, 역락.

이선웅, 2002, 『우리말 우리글 묻고 답하기』, 태학사.

이선웅·정희창, 2010, 『우리말 우리글 묻고 답하기』, 태학사.

이성복, 2003, 『우리말 바른 표기』, 세창미디어.

이승구, 2001, 『띄어쓰기 편람』, 대한교과서주식회사.

이성구, 2004, 『띄어쓰기 사전』, 국어닷컴.

이은정, 1988, 『한글맞춤법 표준어 해설』, 대제각.

이익섭, 1992, 『국어표기법연구』, 서울대학교 출판부.

이익섭, 2000, 『국어학개설』(재판), 학연사.

이익섭, 2010, 『꽃길따라 거니는 우리말 산책』, 신구문화사.

이주행, 2013, 『어문 규범의 이해』, 보고사.

이종운, 2006, 『국어의 맞춤법 표기』, 세창출판사.

이현복, 1997, 『한글 맞춤법 무엇이 문제인가』, 태학사.

이호권·고성환, 2017, 『맞춤법과 표준어』, 한국방송통신대학교출판문화원.

이희승·안병희, 1989, 『한글맞춤법 강의』, 신구문화사.

정경일, 2012, 『국어 로마자표기의 오늘과 내일』, 역락.

정경일, 2016, 『외래어 표기법』, 커뮤니케이션북스.

정희창, 2007,『현대문자생활 백서 우리말 맞춤법 띄어쓰기』, 랜덤하우스코리아.

조영희, 1988,『새 한글맞춤법 띄어쓰기의 이론과 실제』, 신아출판사.

최병선, 2005,『좋은 글의 시작 올바른 맞춤법』, 동광출판사.

최병선, 2009,『교양의 조건 한글 맞춤법』, 역락.

최윤곤·김성주, 2013,『한국어 어문 규정 입문』, 한국문화사.

최종희, 2014,『달인의 띄어쓰기 맞춤법』, 국민출판사.

한재영·안병희 외, 2018,『보정 한글 맞춤법 강의』, 신구문화사.